생물아 생물아 나 좀 도와줘

생물아 생물아 나 좀 도와줘

펴낸날 2012년 6월 7일 1판 1쇄 | 2013년 9월 13일 1판 7쇄
글쓴이 과학주머니 | **그린이** 박진아
펴낸이 강진균 | **펴낸곳** 삼성당
편집 주간 강유균 | **기획** 변지연
디자인 안태현 | **제작** 강현배
마케팅 변상섭 나윤미 | **온라인** 문주강
주소 서울시 강남구 논현동 101-14 삼성당빌딩 9층
대표 전화 (02)3443-2681 | **팩스** (02)3443-2683
홈페이지 www.ssdp.co.kr
출판등록 1968년 10월 1일 제2-187호
ISBN 978-89-14-01825-0 (74810)
　　　 978-89-14-01776-5 (세트)
ⓒ 과학주머니

· 이 책은 저작권법에 따라 보호받는 저작물이므로 무단전재와 무단복제를 금지하며,
  이 책 내용의 전부 또는 일부를 이용하려면 반드시 (주)삼성당의 서면 동의를 받아야 합니다.
· 파본은 바꾸어 드립니다.

생물이 들려주는 자연과 생명의 신비

생물은 다양한 것을 가능하게 하는 놀라운 힘을 가지고 있어요. 복제 양 '돌리'처럼 유전자를 복제할 수도 있고, 씨가 없는 수박이나 감을 만들거나, 아주 커다란 닭을 만드는 것처럼 다양한 일을 할 수 있게 한답니다. 그런 일들을 통해서 아픈 사람을 고치기도 하고, 새로운 식량을 만들기도 하고, 농업의 생산량을 늘릴 수도 있지요. 그리고 '쥬라기 공원'이라는 영화에서 보면 화석에서 유전자를 추출해서 공룡을 복제하는 장면이 나오는데, 현재의 과학 기술로는 불가능하지만 생물학자들이 계속해서 연구한다면 미래에는 가능할지도 몰라요.

《생물아 생물아 나 좀 도와줘》는 생물에 호기심이 많은 친구, 생물과 관련된 지식을 더 많이 알고 싶어 하는 친구, 커서 생물과 관련된 직업을 갖길 바라는 친구, 생물과 친해지고 싶은 친구는 물론이고, 평소 생물을 어려워하거나 큰 관심을 가지지 않았던 친구도 아주 쉽고

재미있게 배울 수 있도록 만든 학습동화입니다. 이 책의 주인공인 추리는 동식물과 대화할 수 있는 특별한 능력을 가지게 되고, 그 능력을 바탕으로 사건을 해결하면서 자연의 이치와 생명의 신비에 대해 하나씩 알아 가게 돼요. 추리가 사건을 해결하는 방법은 바로 과학 시간에 배우는 생물이랍니다. 학교에서 배우는 내용으로 사건을 해결하다니 놀랍지요? 여러분도 이 책의 주인공처럼 사건을 해결해 보지 않을래요? 마치 탐정처럼 말이죠.

　지금부터 추리와 함께 신비한 '생물'을 만나 보세요. 생물에 대한 다양한 지식을 익힐 수 있고, 더 나아가 스스로 문제를 해결하는 능력도 키울 수 있을 거예요.

　　글쓴이 **과학주머니**

차례

동물과 식물의 구분
소년, 탐정이 되다 8

알을 낳는 동물과 새끼를 낳는 동물
사라진 은인을 찾아라 22

곤충의 탈바꿈
배추밭의 무법자 34

동물이 사는 곳
아기 새는 가출 중 44

동물의 분류
외톨이 도마뱀 56

식물의 꽃가루받이
소나무 결혼 대작전 68

식물의 뿌리
최고의 뿌리 대회 80

식물의 잎
서재의 미스터리 92

우리 몸의 다양한 기관
다이어트는 우리의 적 104

생물의 진화
도토리 키 재기 114

생태계와 환경오염
지렁이를 구하라 124

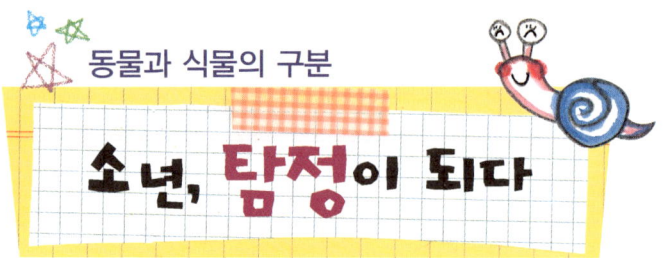

동물과 식물의 구분

소년, 탐정이 되다

    수업을 마치는 종소리가 울리자, 교실은 집에 갈 준비를 하는 아이들로 북적거렸습니다.

    "선생님이 잃어버린 강아지를 홈지가 찾아 줬대."

    "와, 이번에도? 대단하다. 어쩜 그렇게 척척 해결할까?"

    "그러게 말이야, 홈지는 천재 탐정이야!"

    "맞아, 맞아. 홈지랑 친하게 지내야지. 홈지야, 같이 가!"

    아이들은 너도나도 홈지 곁으로 몰려들었습니다. 그 모습을 바라보며 추리는 한숨을 쉬었습니다.

    "추리야, 집에 같이 가자!"

    추리의 단짝 우리가 다가와 말을 걸었습니다.

"그래, 집에나 가자."

"왜 그렇게 힘이 없어? 아하, 홈지가 부러워서 그러는구나?"

우리가 단박에 눈치를 챘습니다. 우리는 추리가 탐정이 되고 싶어 하는 것을 누구보다 잘 알고 있었습니다.

"홈지는 공부도 잘하고 운동도 잘하고 게다가 사건 해결도 잘하잖아. 나도 잘하고 싶은데."

"힘내, 추리야. 곧 네 실력을 발휘할 기회가 올 거야."

우리가 응원했지만, 추리의 기분은 좀처럼 나아지지 않았습니다. 그때 우리가 갑자기 생각났다는 듯 추리의 손을 잡아끌었습니다.

"참, 삼촌이 너 데리고 집에 오래."

"별남 형이 왜?"

"어젯밤에 막 소리 지르고 팔짝팔짝 뛰어다니더니 내일 당장 추리 너를 데려오라고 하셨어. 뭔가 새로운 것을 만드신 모양이야."

우리의 삼촌, 도별남은 과학자입니다. 별남은 우리네 집 지하실에 과학실을 만들어 놓고 항상 무언가에 열중해 있습니다. 하지만 이상한 것만 연구하는 바람에 동네에서는 괴짜로

명성이 자자했습니다.

추리와 우리는 우리네 집에 도착하자마자 바로 별남의 과학실로 향했습니다. 인사도 하기 전에 별남이 둘에게 후다닥 다가왔습니다.

"내가 기막힌 약을 발명했어. 바로 천재가 되는 약이지!"

별남은 자신감 넘치는 얼굴로 말했습니다.

"천재요?"

추리는 순간 천재 탐정 홈지를 떠올렸습니다.

"삼촌, 진짜 확실한 거예요? 또 이상한 거 아니죠?"

만날 실패만 거듭하는 별남이 미심쩍다는 듯 우리가 눈을 가늘게 떴습니다.

"떽, 아무렴 내가 거짓말을 하겠어? 너희한테도 나눠 주려고 했는데, 싫으면 말고!"

"형, 전 먹을 거예요. 약 주세요."

추리는 간절한 눈빛으로 별남에게 부탁했습니다.

"좋아, 이걸 받아라."

별남은 투명한 물약을 추리에게 건넸습니다.

"나도 먹을래요!"

우리도 별남에게 손을 내밀었습니다.

"넌 안 먹는다며?"

"삼촌하고 추리만 천재가 되는 모습을 보라고요?"

우리가 눈을 흘기며 말하자 별남이 허허 웃으며 우리에게도 물약을 주었습니다.

"그럼 하나, 둘, 셋 하면 동시에 먹는 거다. 하나, 둘, 셋!"

별남의 구령에 맞춰 물약을 동시에 꿀꺽 삼켰습니다.

"음, 달콤해. 과일 맛이야."

우리가 쩝쩝거리며 입맛을 다셨습니다.

"정말 머리가 똑똑해졌을까?"

추리는 얼른 가방에서 수학 문제집을 꺼내 풀어 보았습니다. 하지만 여전히 수학 문제는 알쏭달쏭하기만 했습니다.

별남도 책꽂이에서 영문으로 된 어려운 책을 펼쳤지만, 곧 허탈한 표정을 지었습니다.

"이럴 수가, 책이 어려워. 약이 실패했어."

별남은 머리카락을 움켜쥐며 실험실을 방방 뛰어다녔습니다. 그때 누군가의 말소리가 들렸습니다.

"저 삼촌이라는 녀석은 항상 이상한 약만 만들더라고."

"어? 이 목소리는 누구지? 너희도 들었지?"

별남이 겁에 질린 목소리로 말하자 추리와 우리도 굳은 얼굴로 고개를 끄덕였습니다.

"그런데 말이야. 이번에 또 없어졌다지?"

또다시 말소리가 들렸습니다.

"수족관에서 소리가 나!"

별남과 추리, 우리는 과학실 한쪽 벽에 있는 커다란 수족관으로 조심스럽게 다가갔습니다. 수족관은 별남이 한때 바닷속 생물을 연구하겠다면서 바닷물로 채워 놓고, 바다와 비슷한 환경으로 꾸며 놓은 것이었습니다.

"아이고, 이게 도대체 몇 번째야! 산호 숲에 무시무시한 괴물이 있는 게 분명해."

수족관으로 다가가자 말소리가 더 뚜렷하게 들렸습니다.

"설마 방금 저 바다거북이 말한 건가?"

추리는 얼떨떨한 표정으로 수족관 안에 있는 바다거북을 가리키며 말했습니다.

"우리가 먹은 약 때문에 저 생물들의 말이 들리는 거야!"

별남이 이제야 알겠다는 듯 손뼉을 쳤습니다.

"그럼 혹시 대화도 할 수 있을까?"

우리가 용기를 내어 수족관으로 좀 더 다가가 바다거북에게 말을 걸었습니다.

"저기요."

"아, 도우리구나? 그 옆에는 마추리, 그 옆에는 도별남. 우리 수족관 동물들은 너희를 다 알고 있지."

바다거북이 평소에 자주 보던 얼굴이라 알고 있다는 말을 덧붙였습니다.

"무슨 일이 있나요? 아까 괴물 이야기를 하시던데."

추리가 바다거북에게 물었습니다.

"아~ 그게 말이야. 산호 숲 근처에서 어린 물고기들이 자꾸 없어진다는 거야!"

"얼마 전에 아기 물고기 세 마리가 산호 숲에 갔다가 사라졌고, 아기 새우들도 두 마리나 없어졌다지. 우리 아들 게돌이도 산호 숲에서 겨우 빠져나왔거든."

바다거북 옆에 있던 엄마 게가 끼어들며 사건을 좀 더 자세하게 설명해 주었습니다.

"게 아주머니, 게돌이 좀 만나 볼 수 있을까요? 제가 이 사건을 해결해 볼게요!"

추리가 호기심 가득한 눈을 반짝반짝 빛내며 주먹을 불끈 쥐었습니다.

"정말? 추리 학생이 그래 줄 수 있어? 게돌아, 이리 좀 와 볼래?"

엄마 게가 부르자 저만치 떨어져 있던 아기 게가 추리 앞으로 쪼르르 다가왔습니다.

"산호 숲에서 있었던 일을 자세하게 이야기해 줄 수 있니?"

우리가 조그만 게돌이를 다정하게 바라보며 물었습니다.

"친구들이랑 숨바꼭질하면서 놀고 있었어요. 숨을 곳을 찾다가 산호 숲에 숨게 되었는데 갑자기……!"

"갑자기?"

추리와 우리, 별남이 침을 꼴깍 삼키며 물었습니다.

"누군가 제 몸을 끌어당기는 거예요. 분명 아무도 없었는데 말이에요. 도망가려고 발버둥 치다 보니 얼떨결에 빠져나오게 됐어요."

"분명 아무도 없었다는 말이지?"

추리가 다시 한 번 확인하듯 물었습니다.

"네, 산호 숲에 있던 건 저뿐이었어요. 정말 이상해요."

"이상할 것 없어. 범인은 분명 그것일 거야."

추리가 자신만만한 표정을 지었습니다. 우리도, 별남도 다 알겠다는 듯 고개를 끄덕였습니다.

"수족관에 사는 동물들을 모두 불러 줄래? 내가 범인을 발표할게."

추리의 말에 게돌이가 고개를 끄덕이며 수족관 동물들을 불러 모았습니다.

"엄마, 추리 형이 사건을 풀었대요! 수족관 여러분 모두 모여 주세요!"

잠시 후 수족관에 살고 있는 동물들이 옹기종기 모였습니다. 다들 눈을 빛내며 추리를 바라보았습니다.

"흠흠, 막상 이 자리에 서니 떨리네요. 우선 사건을 다시 살펴볼까요? 산호 숲 주변에서 의문의 실종 사건이 발생했습니다. 주로 어린 물고기나 작은 새우, 작은 게 등이 사라지는 사건이죠. 사라질 뻔한 게돌이의 증언에 따르면 사건 당시 아무도 없었고 자기 혼자만 있었는데, 누군가가 잡아당겼다고 합니다."

수족관 동물들은 조용히 추리의 말에 귀를 기울였습니다.

"자, 여기서 문제! 여러분은 산호가 식물이라고 생각하시나요?"

"산호는 항상 그 자리에 있잖아? 그러니까 산호는 당연히 식물이지."

바다거북이 나서서 말하자 다른 수족관 동물들도 맞장구를 쳤습니다.

"후후, 이 사건의 범인은 바로, 산호입니다! 산호는 여러분과 똑같이 생물을 먹이로 해서 영양분을 얻는 동물이에요."

추리는 구석에 있는 산호를 가리키며 말했습니다. 추리의 말에 수족관 동물들은 모두 혼란스러워 보였습니다.

"추리 말이 맞아요. 산호는 평소에는 플랑크톤을 먹지만, 어린 물고기나 새우, 게 등을 잡아먹기도 합니다."

우리가 더 자세하게 설명해 주었습니다.

"그런데 이제껏 왜 몰랐지? 산호가 말하는 것을 한 번도 못 들어 봤는데."

"그건 아마도 자신은 움직일 수 없으니, 식물인 척하면서 다른 동물이 다가오길 기다렸을 거예요. 그러니 일부러 다른

동물이 있을 땐 말을 안 했겠죠."
바다거북이 의아해하자 추리가 상황을 추리했습니다.

"우리가 몰랐던 사실을 알려 주고 범인도 알려 줘서 정말 고마워."
바다거북이 수족관 동물들을 대표해서 추리에게 감사 인사를 했습니다.
"그렇다면 산호가 진짜 범인이었어? 우리 당장 가서 따져 봅시다!"
"그래요. 이제껏 우리를 속이고 있었다니, 어휴 열 받아!"
수족관 동물들은 떼를 지어 산호 숲으로 향했습니다.
"추리야, 너 방금 진짜 탐정 같았어."
우리의 말에 추리가 쑥스럽다는 듯 머리를 긁적였습니다.
"별남 형, 형 덕분에 생물과 대화할 수 있어서 처음으로 사건을 해결할 수 있었어요!"
추리가 별남에게 인사를 하자 별남이 거드름을 피웠습니다.
"우하하, 역시 난 천재라니까."

"오늘은 인정할게요."

만날 별남을 타박하던 우리가 별남을 향해 엄지손가락을 치켜들었습니다.

"추리 너도 오늘 멋졌어!"

그리고 추리를 향해서도 엄지손가락을 들어 보였습니다.

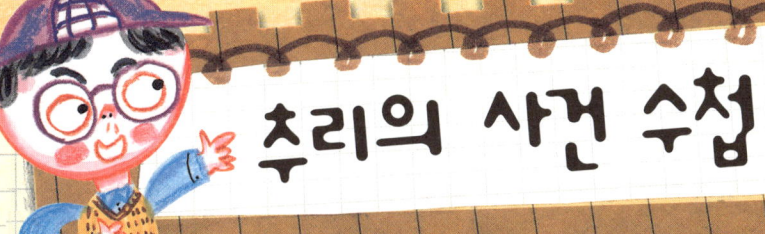

추리의 사건 수첩 #01

✏ 사건명 : **산호 숲** 실종 사건
✏ 의뢰인 : 게돌이

산호 숲에서 어린 물고기, 게, 새우가 사라지는 사건이 발생! 사건 현장에 있었던 게돌이의 증언에 따르면 산호 말고는 아무도 없었다고 한다. 산호가 항상 그 자리에 있기 때문에 식물이라고 생각했지만, 사실 산호는 다른 생물을 먹어 영양분을 얻는 동물!

<u>실종 사건의 범인은 바로 산호!</u>

동물과 식물의 구분

	동물	식물
영양분	다른 생물을 먹어 영양분을 얻는다.	광합성 등을 통해 스스로 영양분을 만들어 낸다.
번식	알이나 새끼로 번식한다.	씨나 홀씨로 번식한다.
자극	자극을 주면 반응이 빠르다.	자극을 주면 반응이 느리다.
세포	세포벽[1], 엽록체[2]가 없다.	세포벽, 엽록체가 있다.
	동물 세포와 식물 세포에는 공통적으로 세포막[3], 핵[4], 미토콘드리아[5] 등이 있다.	

① 세포벽 : 식물 세포의 가장 바깥쪽에 있으며, 세포를 보호하고 세포의 모양을 유지해 준다.
② 엽록체 : 식물 세포에만 있고, '엽록소'라는 녹색 색소가 들어 있어서 광합성을 한다.
③ 세포막 : 세포를 둘러싸고 있는 막으로, 세포를 보호해 준다.
④ 핵 : 생물의 정보를 담은 유전자가 들어 있다.
⑤ 미토콘드리아 : 산소와 영양소를 이용해 에너지를 만든다.

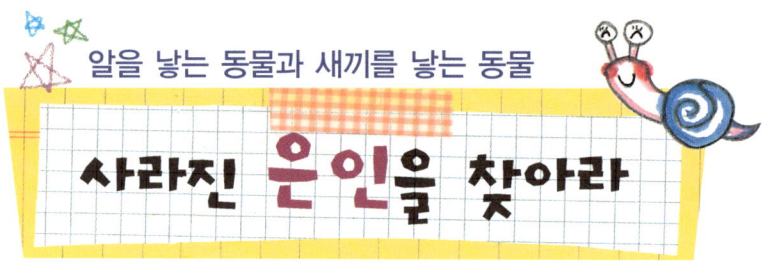

알을 낳는 동물과 새끼를 낳는 동물

사라진 은인을 찾아라

"오늘 날씨 참 좋은데, 우리 등산 가자."

햇살이 따스한 일요일 아침, 추리 아빠가 등산 이야기를 꺼냈습니다. 하지만 추리는 컴퓨터 게임을 마저 끝내고 싶어서 일부러 못 들은 척했습니다.

"좋아요, 가까운 동네 뒷산에 가요. 추리야, 얼른 등산 갈 준비하자."

엄마도 맞장구를 치자 추리는 하는 수 없이 자리에서 일어났습니다.

동네 뒷산에는 등산을 나온 사람들이 꽤 많았습니다. 추리는 귀찮아서 설렁설렁 걸었습니다. 하지만 곧 맑은 공기가 콧속으로 스며들고, 아름다운 꽃과 푸른 나무를 보다 보니 기분이 절로 좋아졌습니다.

산길을 따라 한참 올라가다가 약수터에 들렀습니다. 아빠와 엄마가 약수터 한쪽에서 배드민턴을 치는 사이 추리는 근처 개울가에서 다람쥐의 말소리를 들었습니다.

"누구 알인지 꼭 찾아야 할 텐데."

추리는 호기심이 일어 다람쥐에게 다가갔습니다.

"무슨 일이 있나요?"

"얼마 전에 점심거리를 구하러 집을 나갔다 들어왔는데, 우리 아이들이 무서워서 벌벌 떨고 있는 거야. 그래서 무슨 일

이냐고 물어봤더니, 청설모가 우리 집에 와서 식량을 훔쳐 가려고 했대."

엄마 다람쥐는 괘씸하다는 듯 씩씩거렸습니다.

"그런데 마침 우리 집 옆을 지나가던 동물이 청설모를 쫓아 주었는데, 자기 알을 하나 빠뜨리고 갔다는 거야. 그 동물 덕분에 아이들이 다치지 않아서 보답하고 싶은데, 이 알의 엄마가 누군지 알 수가 없어."

추리는 엄마 다람쥐가 품고 있는 알을 가만히 들여다보았습니다. 하지만 알만 봐서는 어떤 동물의 알인지 도통 알 수가 없었습니다.

"분명 이 산속에 살고 있겠지만, 계속 돌아다닐 수도 없어. 또 청설모가 올지도 모르니까."

엄마 다람쥐는 우울한 표정을 지었습니다.

"저한테 맡기세요!"

추리가 확신에 찬 목소리로 말하자 엄마 다람쥐는 활짝 웃으며 알을 추리에게 맡기고 둥지로 돌아갔습니다.

"같은 다람쥐일까, 아니면 벌? 아니면 노루? 아니면 소쩍새? 아, 머릿속이 복잡해지네. 도대체 누구의 알일까?"

아무리 고민해도 해답이 나오지 않자 추리는 휴대전화를 꺼내 들고 우리에게 문자를 보냈습니다.

'우리야, 도와줘! 알의 엄마를 급하게 찾음. 여기는 동네 뒷산 약수터.'

추리는 문자로 대충 상황을 설명했습니다. 곧 우리에게 답장이 왔습니다.

'15분.'

우리는 정말로 15분 만에 약수터에 도착했습니다. 우리 손에는 두꺼운 책 한 권이 들려 있었습니다.

"역시 내 단짝!"

추리가 우리를 반갑게 맞았습니다.

"헉헉, 이럴 때만 단짝이냐!"

우리는 서둘러 뛰어왔는지 연방 숨을 몰아쉬었습니다. 추리는 우리에게 엄마 다람쥐의 이야기를 자세하게 전해 주었습니다. 이야기를 듣고 난 우리는 가져온 책을 내밀었습니다.

"그럴 줄 알고 동물도감을 가져왔지. 우선 추리 네 생각은 어떤데?"

추리가 머리를 긁적이며 말을 꺼냈습니다.

"우선 산에서 사는 동물이어야겠지?"

"그래, 맞아. 산에서 활동을 하니까 말이야. 그리고 알을 낳는 동물이야."

우리가 고개를 끄덕이며 덧붙였습니다.

"그럼, 다람쥐와 노루는 아니겠다. 다람쥐와 노루는 새끼를 낳는 동물이잖아."

추리는 또다시 머리를 긁적였습니다. 우리는 동물도감을 펼쳐 알을 낳는 동물의 종류를 찾았습니다.

"알을 낳는 동물의 종류에는 여러 가지가 있어. 물고기, 새, 거북, 악어, 개구리, 곤충, 공룡 등이 있는데?"

"히히, 공룡은 아니겠다. 지금 안 살고 있잖아? 아님, 공룡이 부활했나?"

추리가 장난기가 섞인 표정으로 씩 웃었습니다.

"물고기도 아니야. 물고기가 물 밖으로 나올 리가 없잖아."

"곤충일 리도 없어. 조그만 곤충이 청설모를 물리치기는 힘들잖아."

"그리고 동네 뒷산에 거북과 악어가 살 리는 없지."

"개구리도 아니야. 개구리 알은 무르고 투명한데, 이 알은 단단하고 불투명하잖아."

추리와 우리가 번갈아 가며 추리하면서 알을 낳는 동물을 하나하나 지워 갔습니다.

"그렇다면 남은 건, 새!"

추리와 우리가 동시에 소리를 질렀습니다.

"그런데 어떤 새의 알일까?"

우리의 말에 추리도 말문이 막혔습니다. 둘이서 가만히 알을 들여다보고 있는데, 뒤에서 누군가 말했습니다.

"꿩 알이네."

추리와 우리는 깜짝 놀라 뒤를 돌아보았습니다. 홈지가 약수터에서 뜬 물을 마시며 빙그레 웃고 있었습니다.

"우아, 대단하다. 어떻게 한눈에 꿩 알인지 알 수 있어?"

추리는 놀라서 입을 다물지 못했습니다.

"모양이나 색깔, 크기로 봐서는 분명 꿩 알이야. 어디서 난 거야?"

"근처에서. 홈지 네 도움이 없었어도 추리랑 나랑 찾을 수 있었어."

우리가 뽀로통한 표정으로 톡 쏘아붙였습니다.

"그래? 열심히 동물도감을 뒤적이기에 도와주려고 한 것뿐이야. 그래도 알 엄마를 찾아 주겠다는 걸 보니 대단하네. 그럼, 내일 학교에서 보자!"

홈지는 대수롭지 않다는 듯 손을 흔들며 산을 내려갔습니다.

"역시 홈지를 이길 수 없어. 척척박사라니까."

추리가 시무룩한 표정으로 고개를 푹 숙였습니다.

"우리끼리도 새알이라는 걸 밝혀냈잖아! 남자답게 힘 좀 내라!"

우리가 씩씩하게 말하며 추리의 등을 두드렸습니다.

추리와 우리는 개울가로 돌아와 엄마 다람쥐를 불렀습니다. 엄마 다람쥐가 나무를 타고 포르르 내려왔습니다.

"알의 엄마를 찾았니?"

"이것은 꿩 알이었어요! 함께 주변을 살펴보면 자신의 알을 찾고 있는 꿩을 만날 수 있을 거예요."

추리의 말에 엄마 다람쥐가 환하게 웃었습니다.

추리와 우리는 엄마 다람쥐와 함께 꿩을 찾아다녔습니다.

"꾸워꾸워꾸워~ 내 아이가 어디에 있을까? 흑흑."

얼마 가지 않아서 추리 일행은 슬프게 울고 있는 꿩을 발견

했습니다.

"꿩 아주머니, 혹시 알을 찾고 계신가요?"

우리가 꿩에게 달려가 물었습니다.

"응, 흑흑. 내 부주의로 알을 잃어버렸어."

"이 알 아닌가요?

추리가 품에 안고 있던 알을 꿩에게 내밀었습니다.

"맞아! 아이고 내 아가, 어디에 있었니? 엄마가 얼마나 슬펐는지 몰라."

꿩은 알을 부둥켜안고 뛸 듯이 기뻐했습니다.

"청설모를 쫓아 준 고마운 분이시군요. 우리 아이들이 다치지 않게 막다가 제 집에 알을 놓고 가셨더라고요. 정말 고맙습니다."

엄마 다람쥐는 고마움이 가득 찬 눈빛으로 꿩을 보며 꾸벅 인사했습니다.

"저야말로 고맙습니다. 이렇게 제 아이를 찾아 주셨으니까요."

꿩은 날개를 퍼덕거리며 고마움을 표시했습니다.

엄마 다람쥐와 꿩은 덕분에 은인도 찾고, 알도 찾았다면서 추리와 우리에게도 고마워했습니다.

"추리야, 어디 있니? 그만 집에 가자."

약수터 쪽에서 추리를 찾는 아빠, 엄마의 목소리가 들려왔습니다.

"막판에 홈지가 해결해서 아쉽기는 하지만, 그래도 뿌듯하다."

훅훅, 내 아가~.

우리가 환하게 웃으며 말했습니다.

"빨리 다른 사건이 터졌으면 좋겠다. 그때는 내 힘으로 해결하겠어!"

추리가 주먹을 불끈 쥐었습니다.

"나 도우리 없이 가능할까?"

"추리 가는 데 우리가 빠지면 섭섭하지!"

추리와 우리는 다정하게 어깨동무를 하고 약수터로 향했습니다.

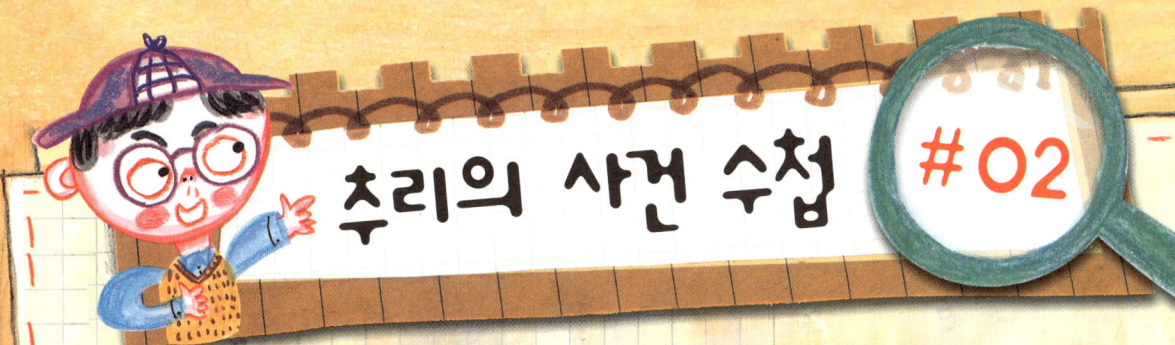

추리의 사건 수첩 #02

🖊 **사건명 :** 다람쥐의 은인 찾기
🖊 **의뢰인 :** 엄마 다람쥐

엄마 다람쥐의 아이들을 지킨 동물은 누구일까? 단서는 다람쥐 집에 두고 간 알. 알을 낳는 동물이므로 후보는 물고기, 새, 거북, 악어, 개구리, 곤충으로 간추려졌다. 산에서 활동하는 동물이므로 물고기, 거북, 악어는 탈락, 청설모를 쫓아냈으므로 몸집 작은 곤충도 탈락, 알이 단단하므로 개구리도 탈락! 새알로 결정하고 주변을 수색하다가 자신의 알을 찾고 있는 꿩을 만났다.

엄마 다람쥐의 은인은 꿩!

궁금해!

알을 낳는 동물과 새끼를 낳는 동물

알을 낳는 동물
새끼가 아닌 미성숙한 알로 태어난다. 알에서 깨어나기 전까지 알 속의 영양분으로 산다.
예) 물고기, 새, 곤충, 개구리, 뱀, 거북, 악어, 지렁이 등

새끼를 낳는 동물
어미 안에서 어느 정도 자란 후에 새끼로 태어난다. 태어날 때까지 어미 배 속에서 영양분을 얻으며 자라고, 태어난 다음에는 일정한 기간 동안 어미의 젖을 먹으며 자란다.
예) 사람, 개, 고양이, 소, 돼지, 호랑이, 박쥐, 고래 등

알에서 얼른 나오렴.

엄마 젖을 먹으며 건강하게 자라거라!

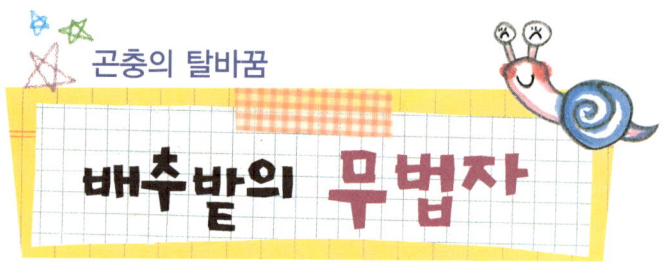

곤충의 탈바꿈

배추밭의 무법자

추리는 다른 주말과 다르게 아침 일찍 눈을 떴습니다. 오늘은 주말 농장에 가는 날이기 때문입니다.

추리네 가족은 집에서 가까운 곳에 주말 농장을 가지고 있는데, 그곳에서 텃밭을 가꾸고 신선한 채소를 얻었습니다.

추리는 자신이 직접 씨를 뿌린 배추가 어떻게 되었는지 궁금했습니다. 지난번에 갔을 때는 싹이 삐죽 돋아 있었습니다. 많이 자랐을 배추를 상상하니 괜히 조바심이 났습니다.

"아빠, 빨리 가면 안 돼요?"

추리가 아빠의 팔을 잡고 보챘습니다.

"주말에 청소하자고 할 때는 이불 속에서 절대 안 나오더니 농장에 가자고 하니까 준비를 일찍 끝냈구나."

아빠가 추리의 머리를 다정하게 쓰다듬었습니다.

날씨도 좋고 상쾌한 바람도 불어서 농장까지 가는 길이 무척 즐거웠습니다. 추리의 입에서는 콧노래가 절로 나왔습니다.

"저 먼저 배추밭으로 갈게요."

주말 농장에 도착하자마자 추리는 물뿌리개와 삽을 챙겨서 배추밭으로 달려갔습니다. 그동안 배추들이 목말랐을 것 같았습니다.

"배추들아, 내가 왔다!"

배추들은 지난번에 왔을 때보다 많이 자라서 이제는 제법 잎이 포개져 있었습니다.

"엉엉~, 추리야."

그런데 배추가 울고 있었습니다. 추리는 깜짝 놀라서 배추에게 얼굴을 바짝 들이댔습니다. 배추의 잎 여기저기에 구멍이 뚫려 있었습니다.

"아니, 누가 내 소중한 배추에 구멍을 뚫어 놓은 거야?"

추리는 우는 배추를 쓰다듬으며 씩씩거렸습니다.
"추리야, 배추만 그런 게 아니야. 내 잎도 구멍이 뚫렸어."
옆 밭에 있는 상추도 기다렸다는 듯이 말했습니다.
"뭐라고? 어떻게 된 거야?"
"어느 날 낮잠을 자고 일어났더니 우리들 몸에 쪼그마한 노란 구슬 같은 것이 붙어 있었어. 색깔과 모양이 예뻐서 자랑 삼아 놓아두었는데 거기서 작은 벌레가 나오더니 잎 여기저기를 갉아 먹으면서 구멍을 냈어."
추리와 상추의 대화를 듣고 있던 케일도 거들었습니다.

"상추 말이 맞아. 처음에는 작고 귀여운 연두색 벌레였는데 몸이 점점 커지더니 갉아 먹는 양도 늘어났어."

"뭐라고? 케일도 당했어?"

화가 난 추리는 뒤따라온 아빠에게 가서 상황을 설명했습니다.

"아빠, 제 배추를 어떤 벌레가 여기저기 갉아 먹었어요. 배추뿐만이 아니라 옆 밭에 있는 케일, 상추도 갉아 먹었어요."

"그래? 자주 와서 살펴보지 못했더니 벌레가 생겼나 보구나."

"누가 내 배추들한테 이런 짓을 해놨는지, 꼭 범인을 잡고 말겠어요!"

"어이구, 이런. 소중히 키우던 배추에 구멍이 뚫려서 우리 추리가 단단히 화가 났구나."

추리는 배추밭과 주변 밭들을 샅샅이 뒤지고 다녔습니다. 하지만 케일이 말했던 연두색 벌레는 아무리 눈을 씻고 찾아봐

도 보이지 않았습니다.

'이상하다. 구멍은 이렇게 많은데, 왜 연두색 벌레가 안 보일까?'

추리는 범인을 못 잡아서 화는 화대로 나고, 궁금증은 궁금증대로 커졌습니다. 어느덧 해는 저물고 추리는 결국 배추를 갉아 먹은 범인을 찾지 못했습니다.

월요일 아침, 추리는 학교에 오자마자 우리를 찾았습니다.
"우리야, 내가 주말에 아빠랑 주말 농장에 갔었는데, 어떤 나쁜 놈이 배추를 갉아 먹었더라고. 배추 여기저기에 구멍이 숭숭 뚫렸어."
"추리 네가 그렇게 자랑하던 배추들을? 누가 그런 짓을 했을까?"
우리가 깜짝 놀라 물었습니다.
"배추만 그런 게 아니야. 옆 밭에 상추도, 케일도 구멍이 뚫려 있더라고."
"그 범인을 본 증인은 있었어?"
"어, 처음에는 잎 뒷면에 작은 노란 구슬 같은 것이 생기더니, 그 안에서 벌레가 나왔대. 그 벌레가 배추, 상추, 케일을 갉아 먹고 다닌 모양이야."

"그럼, 그 벌레를 잡지 그랬어."

"물론 눈에 불을 켜고 찾아봤지. 그런데 아무리 찾아도 없었어. 그래서 말인데, 오늘 학교 끝나고 나랑 배추밭에 가서 범인 좀 같이 잡자, 응?"

"그래. 단짝의 부탁인데 거절할 수야 없지."

추리의 부탁에 우리는 별일 아니라는 듯 바로 고개를 끄덕였습니다.

추리는 하루 종일 배추밭 걱정에 수업을 듣는 둥 마는 둥 했습니다. 수업이 끝나자마자 추리와 우리는 버스를 타고 주말 농장으로 향했습니다.

"오늘은 꼭 범인을 잡고 말 테야."

추리가 다부진 눈으로 다짐을 하는 사이 버스는 주말 농장에 도착했습니다.

추리와 우리는 문제의 배추밭으로 들어갔습니다.

우리는 찬찬히 배추밭을 살펴보고, 상추밭과 케일밭도 살펴보았습니다. 그런데 추리 말대로 연두색 벌레는 어디에도 보이지 않았습니다.

"이상하다. 구멍은 이렇게 많은데, 식물들이 봤다는 연두색 벌레가 한 마리도 안 보이네?"

"내 말이 맞지? 아무래도 그 벌레 녀석이 자기가 잘못한 줄 알고 어딘가 숨은 것 같아. 혹시 땅속에 숨은 거 아냐?"

추리가 밭을 파헤쳐 보겠다며 삽을 들었습니다.

"야야, 땅을 파면 배추밭이 망가지잖아."

우리가 얼른 추리의 손에서 삽을 빼앗았습니다. 그때 우리 눈앞으로 흰나비가 팔랑팔랑 날갯짓을 하며 지나갔습니다. 우리는 무언가 깨달았다는 표정으로 배추밭을 쭉 둘러보았습니다.

"찾았다, 범인!"

우리가 무릎을 탁 쳤습니다.

"우리야, 정말 찾았어? 어디에 있는데?"

"여기, 저기, 요기, 조기."

우리가 손가락으로 가리키는 곳마다 추리가 고개를 움직였습니다. 하지만 연두색 벌레는 여전히 보이지 않았습니다.

"장난치지 말고 말해 줘."

"여기, 저기, 요기, 조기에 날아다니고 있는 나비들이 범인이야."

"뭐라고? 나비가 범인이라고? 증인들은 연두색 벌레라고 했는데?"

추리는 이해가 되지 않는다는 듯 고개를 갸웃거렸습니다.

"이 나비들은 배추흰나비야. 배추흰나비는 잎 뒤에 노란색 알을 낳고, 그 알에서 깨어난 애벌레는 배추, 케일, 상추 등의 잎을 먹고 자라지. 그리고 애벌레는 번데기를 만들어서 그 속에서 나비가 되어 번데기 밖으로 나오는 거야. 이렇게 곤충이 자라면서 모습을

> 배추흰나비는 번데기 과정을 거쳐 어른벌레가 되는 완전탈바꿈을 해요.

알 / 애벌레 / 번데기 / 어른벌레

바꾸는 것을 탈바꿈이라고 해."

"우아, 우리는 곤충 박사구나. 범인은 옆에서 날아다니는데, 연두색 벌레만 찾아다녔으니 당연히 안 보이지."

추리는 범인을 찾아 기뻐하던 것도 잠시 배추밭을 날아다니는 배추흰나비들을 보며 또 다른 고민에 빠졌습니다.

"그런데 이 나비들이 알을 낳을 텐데, 그럼 애벌레들이 내 배추들을 또 갉아 먹는 거 아냐?"

"걱정 마. 저 벌들 보이지? 저 벌들은 배추흰나비 애벌레 몸에 알을 낳는 기생벌이야. 아마도 이 배추밭에 더 이상 배추흰나비가 살기는 쉽지 않을 거야."

"그럼 이제 내 배추들은 안전한 거네? 다행이다~."

추리는 배추와 케일, 상추에게 배추흰나비가 범인이라는 것을 알려 주고, 이제는 괜찮다는 말도 덧붙였습니다.

그러자 주말 농장 곳곳에서 박수가 쏟아졌습니다. 추리와 우리는 식물들의 감사 인사를 받으며 함박웃음을 지었습니다.

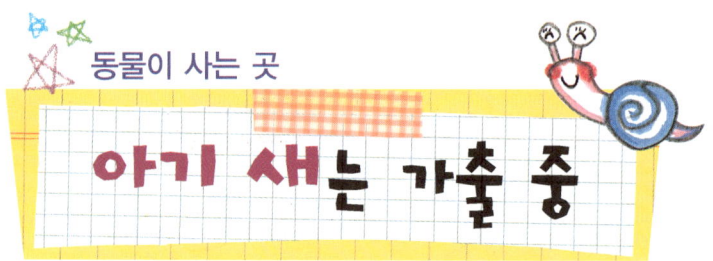

동물이 사는 곳

아기 새는 가출 중

추리는 집에서 버스를 타고 한 시간이나 걸려 '바다 동물원'에 도착했습니다.

"왜 아직 안 오는 거야?"

바닷가에 동물원이 새로 생겼다면서 먼저 가자고 말한 우리는 약속 시간이 지났는데도 코빼기도 보이지 않았습니다.

몇 분이 더 지나 추리가 슬슬 화가 날 즈음에 우리가 헐레벌떡 달려왔습니다. 우리는 저번에 새로 샀다고 자랑한 모자, 옷, 운동화로 한껏 멋을 부린 모습이었습니다.

"야! 너 멋 부리느라 늦었지?"

"미안, 미안. 대신 선물을 가져왔지."

우리는 씩 웃으며 뒤쪽을 가리켰습니다. 저만치 별남이 손을 흔들며 어슬렁어슬렁 걸어오는 것이 보였습니다.

"어? 별남 형이 웬일이에요?"

"우리가 바다 동물원에 간다기에 따라왔지. 마침 나한테 공짜 표가 있었거든. 너 오늘 운이 좋구나."

별남은 한껏 잘난 체하는 표정으로 동물원 입장권 세 장을 흔들었습니다.

"자자, 빨리 들어가자!"

우리는 더 따지려는 추리의 팔짱을 끼고 동물원 입구로 끌었습니다.

"동물원 하면 역시 호랑이랑 사자지!"

별남은 우리와 추리의 어깨를 밀며 맹수들이 모여 있는 곳으로 몰았습니다.

호랑이와 사자는 생각했던 것보다 몸집이 훨씬 컸습니다. 그 중에 멋진 갈기를 뽐내는 수사자가 단연 돋보였습니다.

"우아, 사자가 입 벌리는 것 좀 봐! 이빨도 날카로워!"

옆에서 구경하던 꼬마 아이들은 사자가 무섭게 생겼다며 소란을 피웠습니다. 하지만 막상 수사자는 커다란 입을 벌려 하품을 한 것뿐이었습니다.

"아, 졸려."

수사자의 혼잣말이 들리는 추리와 우리, 별남은 자기들끼리 키득거렸습니다.

"그런데 텔레비전에서 보던 호랑이와 사자는 힘이 세 보이던데, 동물원에 와서 보니 누워서 잠만 자는 것 같아."

추리가 실망스럽다는 표정으로 이야기했습니다.

"사자나 호랑이가 활발하게 움직이지 않는 이유가 있지. 사

자나 호랑이는 밤에 움직이는 야행성 동물이기 때문이야."

별남이 주먹으로 마이크 모양을 흉내 내며 장난스럽게 설명해 주었습니다.

"아, 그렇구나."

추리와 우리는 처음 안 사실에 고개를 끄덕였습니다.

동물원 길을 따라 걸으며 코끼리, 원숭이, 사슴, 기린 등 다양한 동물들을 구경했습니다. 동물들의 말을 들을 수 있어서 동물원 구경은 색다르고 재미있었습니다.

추리, 우리, 별남이 새들이 모여 있는 조류관에 도착했을 때 어디선가 우는 소리가 들렸습니다.

"엄마, 흑흑. 집에 가고 싶어, 흑흑."

소리가 나는 쪽으로 가 보니, 아기 새 한 마리가 울고 있었습니다.

"아기 새야, 무슨 일이니?"

우리가 걱정스러운 목소리로 물어보았습니다.

"난 잘 날 수 있는데 엄마는 만날 나는 연습을 하라고 하셔서 화가 나서 집을 나왔어요, 흑흑. 그런데 한참 날다 보니 여기가 어딘지 모르겠어요, 흑흑."

나무 열매를 쪼아 먹는 콩새의 부리는 짧고 단단해요.

아기 새는 눈물을 주룩주룩 쏟아 냈습니다.

"요거, 가출한 불량 새잖아?"

별남이 약을 올리자 아기 새는 더욱 서럽게 울었습니다.

"아기 새야, 그만 울어. 우리가 엄마 찾는 거 도와줄게."

추리가 아기 새를 다독이자, 아기 새는 고개를 끄덕이며 눈물을 훔쳤습니다.

추리와 우리, 별남은 아기 새를 데리고 동물원과 이어져 있는 숲으로 나왔습니다.

"이 잘생긴 오빠가 엄마를 찾아 줄 테니 걱정 마."

"또, 또! 왕자병이 도졌네. 저 오빠 말 신

고기를 찢어 먹는 독수리의 부리는 갈고리처럼 휘어 있어요.

경 쓰지 마. 우선 땅에 사는지 물에 사는지 알아봐야겠다."
추리가 거드름을 피우자 우리가 냉큼 핀잔을 주었습니다.
"혹시 엄마 부리가 짧고 단단하니? 콩새처럼 나무의 열매를 쪼아 먹고 사는 새들은 그렇거든."
우리의 물음에 아기 새는 고개를 저었습니다.
"그럼, 혹시 독수리처럼 고기를 찢어 먹을 수 있도록 부리가 갈고리처럼 휘어 있니?"
아기 새는 추리의 말에 엄마 얼굴을 떠올리더니 다시 고개를 저었습니다. 추리가 다시 한 번 물었습니다.
"부리가 길어? 왜가리처럼 물에서 사는 새들은 물속에 얼굴을 넣지 않고 물고기를 잡아먹을 수 있도록 부리가 길거든. 아니면 청둥오리처럼 물을 뜰채처럼 건져 올려 그

물속에 있는 물고기를 잡아먹는 왜가리의 부리는 길어요.

물고기를 뜰채처럼 건져 먹는 청둥오리의 부리는 넓적해요.

속의 물풀이나 곤충을 잡아먹도록 부리가 넓적한 주걱 모양이야?"

"아주 길지는 않고, 넓적한지는 잘 모르겠어요."

아기 새는 아리송한 표정을 지었습니다. 그러다가 무언가 생각이 났는지 고개를 번쩍 들었습니다.

"우리 엄마는 발에 물갈퀴가 있어요!"

"물갈퀴가 있다고? 그럼 헤엄을 치면서 산다는 얘기인데. 아기 새야, 너와 엄마가 살던 곳의 물이 짠맛이 났니, 짠맛이 나지 않았니?"

"짠맛이 났어요."

"그럼 바닷가가 틀림없네."

추리가 확신에 찬 목소리로 결론을 내렸습니다.

"바닷가에 사는 새도 여러 종류가 있는데. 물떼새, 갈매기, 도요새, 백로……."

우리는 바닷가에 사는 새를 생각나는 대로 나열했습니다.

"물떼새, 도요새, 백로는 발에 물갈퀴가 없어. 물떼새, 도요새, 백로는 바닷물이 얕은 곳이나, 갯벌에서 걸어 다니면서 뾰족하고 긴 부리로 물고기나 벌레를 잡아먹지. 물에서 헤엄을 치며 먹이를 잡아먹는 게 아니니까 물갈퀴가 필요 없는 거야."

별남도 우리와 추리를 도와 설명을 덧붙였습니다.

"아, 그러고 보니 우리 엄마는 다리가 길지는 않아요."

아기 새가 또 생각이 났다는 표정을 지으며 말했습니다.

"그래? 그럼, 이 아기 새의 엄마는 갈매기일 확률이 크네. 물갈퀴가 있는 발, 길지 않은 다리. 딱 갈매기네."

사건을 해결한 추리의 표정은 마치 하늘을 나는 사람처럼 기분이 좋아 보였습니다.

"아기 새야, 여기서 가까운 바다로 가 보자. 그곳에 분명 엄마가 계실 거야."

"정말요? 이제 엄마를 만날 수 있는 거예요?"

아기 새는 엄마를 만날 수 있다는 희망에 활짝 웃었습니다.

추리 일행과 아기 새는 동물원에서 나와 근처 바닷가로 향했습니다. 그들은 바닷가에서 머리와 등이 검은색이고 눈이 큰 새를 만났습니다.

"안녕하세요? 혹시 갈매기이신가요?"

"아니, 나는 검은머리물떼새야. 봐라, 나한테는 물갈퀴가 없잖니."

추리가 묻자 검은머리물떼새가 자신의 발을 보여 주며 말했습니다.

"갈매기를 찾고 있다면, 배를 타고 바다로 나가면 빨리 만날 수 있을 것 같구나."

검은머리물떼새는 한쪽 날개를 펴서 배 타는 곳을 가리켰습니다.

"야호, 우리 유람선 타는 거야?"

추리가 신이 나서 팔짝팔짝 뛰었습니다.

"삼촌, 우리는 아직 어리니까 돈 좀 내주세요."

우리가 별남에게 손을 내밀었습니다.

"불량한 아기 새 때문에 내 피 같은 돈이 나가는구나."

공짜를 좋아하는 별남은 눈물을 머금고 지갑을 열었습니다.

유람선은 넘실거리는 파도를 헤치고 바다로 나아갔습니다. 유람선 갑판 위에는 과자를 들고 갈매기에게 먹이를 주려는 사람들로 왁자지껄했습니다. 곧 유람선을 따라 갈매기들이 몰려들었습니다.

그때 아기 새가 외치기 시작했습니다.

"엄마다! 엄마, 저예요!"

수많은 갈매기들 중에서 한 마리가 아기 새 쪽으로 빠르게 날아왔습니다.

"아가야, 우리 아가. 엄마가 널 얼마나 찾았는데!"

"엄마, 죄송해요. 다시는 가출하지 않을게요. 이제부터 엄마 말씀대로 나는 연습도 열심히 할게요!"

아기 새는 열심히 날갯짓을 하며 하늘로 날아올랐습니다.

"집에 데려다 줘서 고마워요!"

아기 새는 인사를 꾸벅하며 추리 일행의 머리 위를 한 바퀴 빙 돌더니 엄마 갈매기를 따라 집으로 향했습니다.

"오늘도 우리가 한 건 해결했네. 이대로만 하면 금세 홈지처럼 어린이 명탐정이 되겠는데?"

추리는 뿌듯한 표정을 지었습니다.

"얘가 오늘 계속 왕자병이네~."

우리는 추리가 어이없다는 투로 말했지만 표정만은 추리만큼 즐거워 보였습니다.

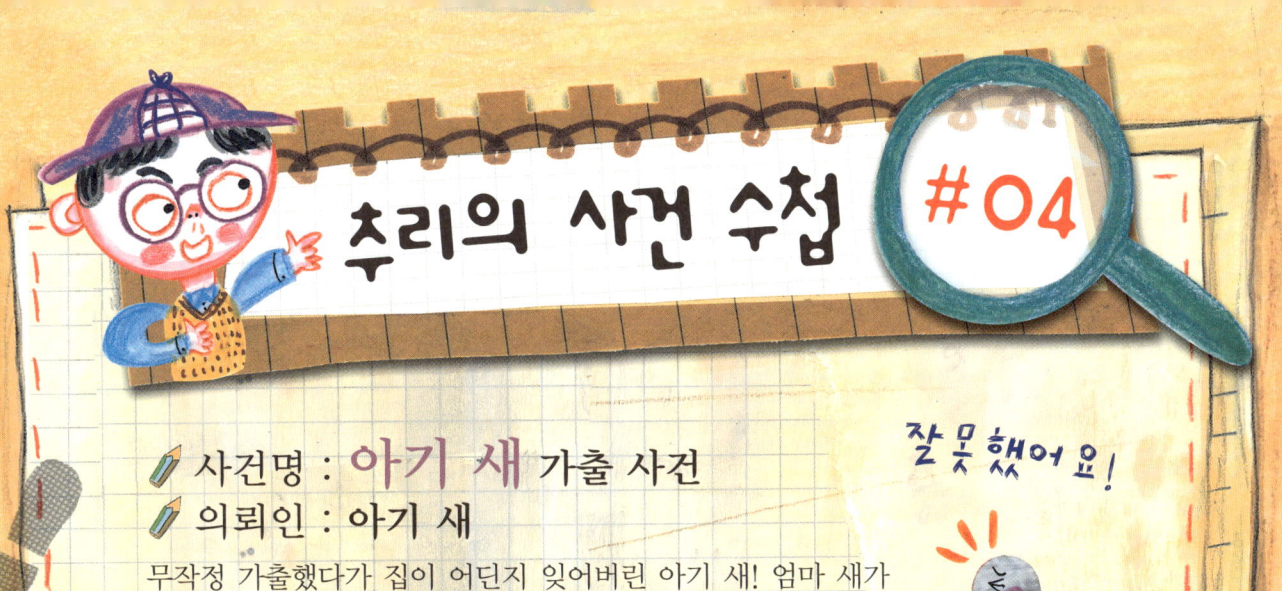

추리의 사건 수첩 #04

✏️ 사건명 : **아기 새** 가출 사건
✏️ 의뢰인 : 아기 새

무작정 가출했다가 집이 어딘지 잊어버린 아기 새! 엄마 새가 물에서 헤엄칠 수 있도록 물갈퀴가 있다는 사실을 통해 물에 사는 새임을 밝혀냈다. 물이 짰다는 아기 새의 말에 따라 바다로 나가니, 갈매기가 아기 새에게 다가왔다.

아기 새의 엄마는 바로 바다에 사는 갈매기!

사는 곳에 따른 동물의 특징

하늘을 나는 동물
하늘을 날기 위해 다양한 모습의 날개를 가지고 있다. 하지만 닭, 타조처럼 날개가 있어도 날지 못하거나 날치, 하늘다람쥐처럼 날개가 없어도 날 수 있는 동물도 있다.
예) 참새, 까치, 비둘기, 나비, 잠자리 등

땅 위에 사는 동물
걷거나 뛸 수 있도록 다리가 발달해 있다. 다리 없이 기어 다니는 동물도 있다.
예) 개, 소, 말, 뱀, 도마뱀 등

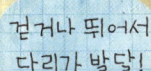

땅속에 사는 동물
땅속에서 움직이기 알맞게 몸이 매끈하거나 작다. 땅속에 사는 동물들은 대부분 땅을 잘 파고, 햇빛을 싫어한다.
예) 지렁이, 두더지, 개미 등

물속에 사는 동물
물고기 같은 경우 물속을 헤엄치기 쉽게 지느러미가 있고 몸이 유선형이다. 또한 아가미가 있어 물속에서도 숨을 쉴 수 있다.
예) 붕어, 잉어, 미꾸라지, 고등어, 상어 등

동물의 분류

외톨이 도마뱀

"추리야, 나 좀 도와줄래?"

학교에서 수업이 끝나자 홈지가 추리에게 다가왔습니다.

"나 말이야?"

추리는 주위를 두리번거리며 되물었습니다. 탐정으로 유명한 홈지가 추리에게 도와달라고 말하자 반 아이들의 시선이 집중되었습니다.

"추리는 동물에 관심이 많지? 저번에도 약수터에서 꿩에게 알을 찾아 준 것 같던데."

추리는 홈지가 자신에게 도움을 요청하자 절로 우쭐해졌습니다.

"무슨 일인데? 내가 도울 수 있는 거라면 당연히 도와야지!"
추리는 호기심 가득한 눈으로 물었습니다.

"나는 도마뱀을 길러. 이름은 '셜록'이라고 해. 일주일 전에 셜록이 갑자기 사라졌다가 다시 집에 돌아왔어. 얼마나 기뻤는지 몰라. 그런데 그날 이후로 셜록이 힘도 없고, 잘 움직이지도 않고, 잘 먹지도 않아. 도대체 왜 그런지 모르겠어. 병원에 가도 아픈 곳은 없다고 하고. 우리 집에 가서 셜록을 만나 주지 않을래?"

항상 당당하던 홈지가 자신의 도마뱀 이야기를 하면서 무척 슬퍼 보였습니다.

"나한테 맡겨!"

추리가 자신만만하게 소리치자 홈지의 표정이 한결 가벼워졌습니다. 홈지와 함께 교실을 나서는 추리의 발걸음이 위풍당당했습니다.

홈지네 집에 도착해 방에 들어서니 투명한 상자 안에 있는 도마뱀 셜록이 보였습니다. 홈지 말대로 셜록은 기운이 없어 보였습니다.

홈지는 마실 것을 가져온다며 방을 나섰습니다. 그 틈을 타

추리는 셜록에게 다가가 인사를 건넸습니다.

"셜록, 안녕? 난 홈지의 친구 추리라고 해"

"……."

하지만 셜록은 아무런 대답도 하지 않고, 시무룩한 표정만 지었습니다.

"너에게 무슨 일이 있었던 거니? 나한테 말해 봐. 내가 도와 줄게."

추리가 다정한 말투로 셜록에게 다시 말을 걸었습니다.

"정말? 네가 날 도와줄 수 있어?"

셜록은 고개를 번쩍 들고 추리를 바라보았습니다.

"물론이지. 그런데 왜 집을 나갔던 거니?"

"혼자 지내는 게 너무 심심해서 친구를 구하려고 여행을 떠났던 거야. 하지만 어떤 동물과도 친구가 되지 못했어, 흑흑 흑~."

추리는 흐느끼는 셜록을 토닥이며 달랬습니다.

"울지 말고 누구와 만났는지 말해 줄래?"

셜록은 가만히 목소리를 가다듬고 이야기를 시작했습니다.

"첫 여행이라 모든 것이 낯설었어. 그리고 첫 번째 동물을

만났어. 온몸에 깃털이 있고, 하늘을 날고 있었지. 그 동물에게 내 친구가 되어 달라고 부탁했지만 바로 거절하더라."

"깃털과 날개라면 아마도 새일 거야. 새는 조류고, 넌 조류가 아니니까 서로 친구가 되긴 힘들겠지."

"아, 그래서 그 동물이 나랑 친구 안 한다고 했구나."

셜록은 뭔지 알겠다는 표정으로 고개를 끄덕였습니다.

추리는 셜록에게 조금이라도 도움이 된 것 같다는 생각이 들어 계속 물어보았습니다.

"다음은 어떤 동물을 만났어?"

"두 번째는 풀숲에서 만났어. 몸이 딱딱한 껍질로 덮여 있고, 마디가 있었어."

"아하, 절지동물을 만났구나?"

추리는 바로 알겠다는 듯 손가락을 딱 튕겼습니다.

"자기는 다리가 6개나 되는데, 나는 다리가 4개라면서 쫓아냈어."

"절지동물에 다리가 6개라면 곤충류야. 넌 곤충이 아니라 이상하게 봤을 거야."

"난 다리 많은 친구도 상관없는데, 흑흑~."

두 번이나 거절을 당했다는 말을 들으니, 추리는 셜록이 더욱 가엾게 느껴졌습니다. 반드시 셜록에게 친구를 구해 줘야겠다는 생각이 들었습니다.

"숲 속에서 만난 세 번째 동물은 나처럼 네발이었어. 조류처럼 몸이 털로 덮여 있었어. 그리고 도토리를 찾느라 바빠 보였지."

"도토리? 아마 다람쥐일 거야. 다람쥐는 포유류지."

"도토리를 찾는 걸 도와주겠다고 했더니 나처럼 털이 없는 동물은 싫다고 하더라."

셜록은 그때의 안 좋은 기억이 다시 떠오르는지 서글픈 표정이 되었습니다.

쓸쓸해 보이는 셜록을 보며 추리는 분위기를 바꾸려고 얼른 다른 질문을 했습니다.

"세 번째 동물과 헤어진 후에도 여행을 계속했어?"

"응, 숲을 지나니 개울이 나왔어. 개울을 보니까 기분이 나아지더라고."

셜록은 목이 타는지 투명한 상자 안에 있는 물을 한 모금 마시고 이야기를 이어 갔습니다.

"개울 가까이 다가가니까 조그만 물고기가 보였어. 몸에 비늘이 덮여 있는 것이 나랑 비슷해서 친구가 될 수 있다고 생각했어. 그런데 내 말을 듣지도 않더라고."

"그 동물은 어류야. 어류는 아가미로 숨 쉬면서 물속에서만 생활하기 때문에 셜록 너랑 친해지기는 힘들었을 거야."

추리의 말에 셜록은 이제야 알겠다는 듯 고개를 끄덕였습니다. 추리는 이야기를 계속해서 이끌어 갔습니다.

"그렇게 해서 너의 여행은 끝난 거야?"

"아니, 마지막으로 한 동물을 더 만났어. 물고기한테까지 거

새
척추동물이고, 알을 낳고, 폐로 숨을 쉬며, 몸이 깃털로 덮여 있는 조류

친구
실패

곤충
무척추동물이고, 딱딱한 껍질로 싸여 있고, 몸에 마디가 있는 절지동물

친구
실패

다람쥐
척추동물이고, 새끼를 낳고, 폐로 숨을 쉬며, 몸이 털로 덮여 있는 포유류

친구
실패

물고기
척추동물이고, 알을 낳고, 물속에서 아가미로 숨을 쉬고, 비늘과 지느러미가 있는 어류

친구실패

달팽이
무척추동물이고, 몸이 연하고, 마디가 없는 연체동물

친구실패

절을 당하고 터덜터덜 걸어가고 있는데, 아주아주 힘겹게 기어가고 있는 동물이 있었어."

"힘들어 보였다면 너랑 통할 수도 있었겠네?"

"나도 그렇게 생각했어. 그 동물은 아주 힘겹게 자신의 집을 등에 지고 기어가고 있었으니까."

셜록은 배를 바닥에 대고 엉금엉금 기어가는 시늉을 했습니다.

"그런데 그 동물은 자기는 몸에 등뼈가 없는데, 나는 등뼈가 있어서 우리는 친구가 될 수 없다고 말했어."

"몸에 등뼈가 없고, 등에 집을 짊어지고 있었다면, 그 동물은 달팽이였을 거야. 달팽이는 연체동물이지. 물론 너랑 다른 종류니까 친구가 되긴 힘들지."

추리의 말을 가만히 듣고 있던 셜록은 추리를 대단하다는 듯 바라보았습니다.

"추리 넌 아는 게 많구나. 그럼, 난 어떤 동물이랑 친구를 해야 하는 걸까?"

셜록은 한숨을 푹 내쉬었습니다.

"정답은 너와 같은 종류의 동물이지!"

추리는 탐정이 해답을 말하듯 명쾌한 목소리로 소리쳤습니다.

"난 어떤 동물인데?"

셜록은 눈을 커다랗게 뜨고 기대에 찬 표정을 지었습니다.

"몸에 등뼈는 있어?"

"어, 등뼈 있지."

"너는 다리가 몇 개지?"

"4개."

"날개는 있어?"

"아니, 날개 없어."

"몸이 털로 덮여 있어?"

"아니."

"그럼, 비늘로 덮여 있어?"

"어. 그리고 딱딱해."

추리의 물음에 셜록은 자신의 몸을 관찰하면서 재깍재깍 대답했습니다.

"너는 바로……."

추리가 살짝 뜸을 들이자 셜록은 침을 꼴깍 삼켰습니다.

"파충류야! 파충류에는 너와 같은 도마뱀과 거북, 뱀, 악어 등이 있지."

"우아, 난 파충류구나!"

셜록은 자신에 대해 알게 되어 무척 기뻤습니다.

"다른 파충류도 좋지만, 너처럼 꼬리를 잘라 내고 도망칠 수 있는 특별한 재능을 가진 같은 도마뱀이야말로 최고의 친구가 될 수 있을 거야."

셜록은 추리의 조언을 듣고 가슴이 두근거렸습니다. 더 이상 헤매지 않아도 자신에게 어울리는 친구가 누구인지 알게 되었기 때문입니다.

그때 홈지가 주스와 과자를 들고 방으로 들어왔습니다.

"홈지야, 셜록은 친구가 필요해. 도마뱀 한 마리를 구해 주면 셜록은 분명 다시 기운을 차릴 거야."

"정말? 어떻게 안 거야?"

홈지는 깜짝 놀라 추리에게 물었습니다.

"난 셜록과 대화할 수 있거든."

추리는 사실대로 말했지만, 홈지는 농담이라고 생각했는지 가볍게 웃으며 셜록을 꼭 안아 주었습니다.

"아무튼 고마워, 추리야. 네 말을 듣고 보니 셜록이 외로워 보이네? 셜록, 너의 친구를 빨리 만들어 줄게."

추리는 사건을 해결한 것보다 천재 탐정이라 멀게만 느껴졌던 홈지가 동물을 사랑하는 따뜻한 친구라는 사실을 알게 된 것이 더 기뻤습니다.

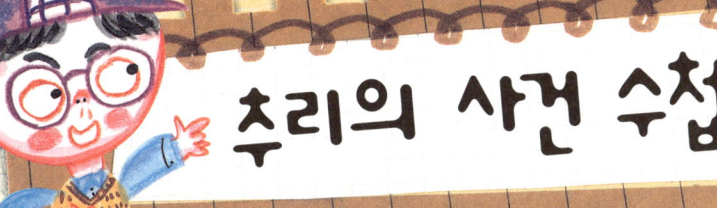

추리의 사건 수첩 #05

🖉 사건명 : 외톨이의 친구 찾기
🖉 의뢰인 : 셜록

홈지의 도마뱀 셜록은 조류, 절지동물, 포유류, 어류, 연체동물을 만났지만, 자신과 다른 종류라서 친구가 되지 못했다. 셜록은 몸에 등뼈가 있고 단단한 비늘로 덮여 있는 파충류이다.

셜록과 친구가 될 수 있는 동물은 같은 파충류인 도마뱀!

외로워~

동물의 분류

등뼈가 있어!   등뼈가 없어!

척추동물	무척추동물
포유류 : 새끼를 낳고, 폐로 숨을 쉬며, 대부분 몸이 털로 덮여 있다. 예) 사람, 소, 말, 토끼, 사자, 원숭이, 고래 등	**절지동물** : 딱딱한 껍질로 싸여 있고, 몸에 마디가 있다. 예) 나비, 잠자리, 파리, 딱정벌레, 거미, 게 등
조류 : 알을 낳고, 폐로 숨을 쉬며, 몸이 깃털로 덮여 있다. 예) 닭, 오리, 비둘기, 꿩, 독수리, 참새 등	**연체동물** : 몸이 연하고, 골격이 없다. 예) 조개, 달팽이, 소라, 굴, 낙지, 문어 등
파충류 : 알을 낳고, 폐로 숨을 쉬며, 몸이 단단한 비늘로 덮여 있다. 예) 거북, 도마뱀, 악어, 뱀 등	**환형동물** : 몸이 긴 원기둥 모양이며, 고리 모양의 마디가 있다. 예) 지렁이, 갯지렁이, 거머리 등
양서류 : 알을 낳고, 어릴 때는 물속에서 아가미로, 성장하면 폐와 피부로 숨을 쉰다. 예) 개구리, 두꺼비, 맹꽁이 등	**극피동물** : 피부에 가시가 나 있고, 중심에서 사방으로 뻗은 방사 대칭형이다. 예) 성게, 불가사리, 해삼 등
어류 : 알을 낳고, 물속에서 아가미로 숨을 쉬고, 비늘과 지느러미가 있다. 예) 붕어, 잉어, 메기, 미꾸라지, 고등어 등	**강장동물** : 몸이 연하고, 입과 항문의 구분이 없다. 예) 해파리, 말미잘, 산호 등
	편형동물 : 몸이 연하고 납작하며, 입과 항문의 구분이 없다. 예) 플라나리아, 촌충 등

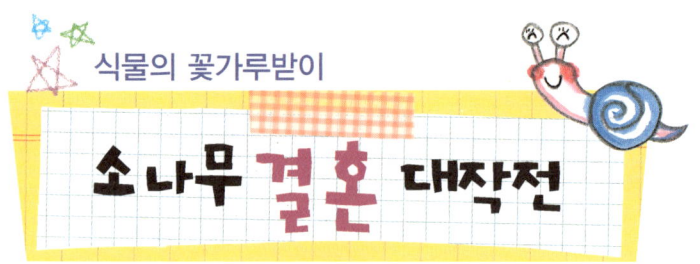

식물의 꽃가루받이

소나무 결혼 대작전

"추리야, 놀자~."

아침부터 문 앞에서 추리를 부르는 우리의 목소리가 우렁찼습니다.

"야, 야, 야! 넌 나 말고 친구도 없냐? 왜 일요일 아침부터 나의 달콤한 잠을 방해하는데!"

문을 벌컥 열며 나온 추리는 막 일어난 듯 머리는 까치집에 잠옷 차림이었습니다.

"이렇게 날씨가 좋은데 어떻게 집에만 있냐? 소풍 가자, 소풍!"

우리는 추리의 팔을 잡아끌었습니다.

"소풍? 어디로?"

추리도 싫지 않은 눈치였습니다.

"동네 공원으로 가자."

추리는 우리 앞에서는 귀찮은 표정을 지었지만, 집에 들어오자마자 서둘러 준비를 하고 우리를 따라나섰습니다.

"추리야, 저기 장미 좀 봐. 와~ 정말 예쁘다."

우리는 공원 입구를 가득 메우고 있는 장미를 손가락으로 가리켰습니다.

"아무튼 예쁜 건 알아서. 내 인기는 식을 줄 모른다니까."

빨간 장미는 우리의 칭찬을 듣자 콧방귀를 뀌었습니다. 그러자 옆에 있던 하얀 장미가 나섰습니다.

"네가 아니라 나한테 하는 소리지, 흥."

장미들끼리 서로 예쁘다고 싸우는 통에 추리와 우리는 웃음보를 터뜨렸습니다.

"추리야, 저기 소나무 그늘 아래에 돗자리 깔고 좀 쉴까?"

우리가 공원 가운데에 있는 커다란 소나무를 가리켰습니다.

"그래. 난 너 때문에 못 잔 잠이나 더 자야겠다."

추리는 소나무 쪽으로 성큼성큼 걸어가 돗자리를 펴고 벌러덩 누웠습니다.

"훌쩍, 훌쩍!"
갑자기 추리 귀에 누군가의 우는 소리가 들렸습니다. 추리와 우리는 바로 위를 올려다보았습니다. 울고 있는 것은 추리와 우리에게 그늘을 만들어 주고 있는 소나무였습니다.

엉엉~

"이 따뜻하고 화창한 봄날에, 훌쩍, 다른 식물들은 다 시집가고 장가가는데, 나만, 훌쩍, 나만! 엉엉~."

소나무는 말을 잇지 못하고 목청껏 울기 시작했습니다.

"자자, 진정하시고 자세한 이야기를 해 보세요. 이래 보여도 저는 곤경에 처한 동물과 식물의 고민과 사건을 말끔하게 해결해 주는 탐정이거든요."

추리가 자신감 넘치는 목소리로 소나무를 달랬습니다.

소나무는 간신히 울음을 그치고 추리와 우리에게 설명하기 시작했습니다.

"봄이 오면 식물들은 앞다투어 꽃을 피운단다. 사람들에게 꽃은 아름다운 볼거리에 불과할지 모르지만, 우리가 꽃을 피운다는 것은 결혼을 하기 위한 것이라고 생각하면 돼."

"꽃 속의 수술이 만드는 꽃가루가 암술머리에 옮겨지면 식물은 번식을 위한 씨를 만들 수 있는 거잖아요. 그런 걸 '꽃가루받이'라고 하죠."

우리가 책에서 본 지식을 떠올리며 소나무의 설명을 덧붙였

습니다.

"그렇지. 나한테는 수꽃과 암꽃이 다 있단다. 하지만 동물이 가까운 친척하고는 결혼하지 않는 것처럼 나한테서 난 수꽃의 꽃가루는 다른 소나무의 암꽃으로 가야 해. 반대로 다른 소나무의 꽃가루가 내 암꽃으로 와야 하고."

소나무는 높은 가지에 있는 암꽃과 낮은 가지에 있는 수꽃을 보여 주며 설명해 주었습니다.

"그래서 곤충들의 도움을 받는 거잖아요. 벌이나 나비 같은 곤충이 꽃의 꿀을 먹고 그 꽃에 있는 꽃가루를 몸에 묻혀, 다른 꽃으로 옮겨 주죠. 바로 사랑의 메신저!"

추리가 손으로 사랑의 총알을 쏘는 시늉을 했습니다.

"소나무 꽃이 얼마나 못생겼는지 안 봐서 모르지? 누렇고, 길쭉하고. 세상에 이렇게 생긴 것도 꽃이라고 할 수 있을까? 꽃잎과 꽃받침까지 없어서 더 이상하게 보일 거야."

소나무는 서러워서 흐느끼다가 갑자기 버럭버럭 소리를 지르기 시작했습니다.

"하지만! 세상에 못생겼다고 결혼하지 말란 법 있냐? 벌이나 나비는 왜 알록달록 예쁘고 향기로운 꽃한테만 가냐고! 행복

은 외모순이 아니잖아! 흑흑."

소나무는 북받치는 감정을 주체하지 못하고 다시 눈물을 흘렸습니다.

"울지 마세요. 저희가 소나무 꽃을 다른 꽃들처럼 인기 짱으로 만들어 드릴게요."

추리는 소나무에게 한쪽 눈을 찡긋하더니 우리를 데리고 집으로 가서 '소나무 결혼 대작전'을 계획했습니다. 얼마 지나지 않아 추리와 우리는 가방에 무엇인가를 가득 챙겨서 소나무에게 돌아왔습니다.

"첫 번째 작전! 화려하고 예쁜 꽃잎을 달아 주기! 곤충의 눈에 띄려면 화려한 색은 필수지요."

추리는 자신만만하게 소리치며 우리와 함께 보라색 색종이로 만든 꽃잎을 소나무 꽃에 달아 주고 곤충을 기다렸습니다.

"이렇게 하면 정말 곤충들이 나에게 올까?"

소나무는 색종이 꽃잎이 불편한 듯 몸을 슬슬 비틀었습니다. 우리는 그런 소나무에게 차근차근 설명해 주었습니다.

"조금만 기다려 보세요. 특히 벌은 보라색을 가장 잘 볼 수 있다고 했으니까요. 어! 벌이 이리로 오고 있어요."

추리와 우리는 재빨리 소나무 뒤에 숨어서 벌을 관찰했습니다.

"어머, 이게 뭐니? 가짜 꽃잎이잖아! 누가 장난한 거야?"

벌은 소나무 꽃 가까이 다가왔다가 짜증을 내며 도로 날아가 버렸습니다.

"어라, 왜 그러지? 진짜 잘 만들었는데. 추리야, 혹시 향기가 없어서 그런 거 아닐까?"

"두 번째 작전! 엄마 향수로 향기 만들기!"

추리와 우리는 소나무 꽃에 향수를 뿌렸습니다.

"에취! 얘들아, 이거 너무 독한 거 아니니? 에취!"

소나무는 처음 맡는 향수 냄새에 연방 재채기를 했습니다. 그때 나비 한 마리가 소나무 꽃 가까이 날아왔습니다.

"어머, 무슨 냄새가 이렇게 고약해? 아~ 어지러워."

나비는 금세 다른 곳으로 비틀비틀 날아가 버렸습니다.

"뭐야, 꽃잎도, 향기도 있는데. 왜?"

추리가 이해할 수 없다는 듯이 고개를 갸웃거렸습니다.

"마지막 작전! 꿀! 곤충들이 꽃가루를 옮겨 주는 수고를 하는데 달콤한 꿀 선물이 없어서는 안 되지."

추리는 집에서 가져온 꿀을 꺼내 들었습니다. 추리와 우리는 소나무 꽃에 꿀을 발랐습니다. 하지만 곤충들은 꿀을 조금 먹다 뱉어 버렸습니다.

"난 어떻게 해도 곤충들에게 사랑받을 수 없나 봐. 너희에게 미안하구나."

소나무는 큰 몸을 잔뜩 움츠렸습니다.

"여기서 포기하면 탐정이라 할 수 없지! 저와 우리가 내일까지 좋은 방법을 꼭 알아 올게요!"

추리는 탐정의 명예를 걸고 소나무와 약속했습니다.

추리와 우리는 집으로 돌아와 소나무의 문제를 과학적으로

풍매화는 바람을 통해 꽃가루를 옮겨.

해결하기 위해 인터넷, 식물도감, 교과서를 뒤졌습니다.

"추리야, 이것 봐. 화려하고 예쁜 꽃, 좋은 향기, 맛있는 꿀은 곤충들의 도움으로 자신의 꽃가루를 다른 꽃의 암술머리에 전하기 위한 꽃들의 생존 방법이야. 이런 식물들을 충매화라고 해."

"그럼 소나무가 결혼할 가능성은 전혀 없는 거네?"

"아니, 소나무는 특별한 존재라서 동물들을 유혹할 필요가

수매화는 물을 통해 꽃가루를 옮겨.

없는 거야."
 우리가 식물도감의 한 부분을 가리켰습니다. 추리는 우리가 가리킨 부분을 꼼꼼하게 읽어 보았습니다. 그리고 곧 추리의 얼굴이 밝아졌습니다.
 다음 날 학교가 끝나자마자 추리와 우리는 공원으로 달려갔습니다. 소나무는 여전히 힘없이 흐느끼고 있었습니다.
 "이제 그만 우세요. 특별한 존재가 그렇게 울면 되겠어요?"

"내가 특별한 존재라니?"

우리의 말에 소나무는 깜짝 놀랐습니다.

"소나무는 동물들의 도움을 받지 않아도 예쁜 자손을 남길 수 있어요. 그 대신 바람의 도움을 받을 수 있거든요!"

추리가 함박웃음을 지으며 큰 소리로 말했습니다.

"소나무의 꽃가루는 송홧가루라고 불려요. 송홧가루에는 놀랍게도 두 개의 공기주머니가 있지요. 소나무 꽃은 처음부터 곤충에 의해 꽃가루를 운반하는 충매화가 아니라 바람에 의해서 꽃가루가 운반되도록 만들어진 풍매화예요."

추리는 소나무가 볼 수 있도록 식물도감을 펼쳐 들었습니다.

"그런 거였구나. 나한테도 나만의 좋은 점이 있었구나. 정말 고맙다. 그럼 이제 자연에 보답하기 위해서 더 많은 꽃가루를 만들고, 바람 좋은 날을 기다리면 되겠구나."

"네~. 꼭 예쁜 솔방울 많이 만드세요. 꼭이요."

추리와 우리는 소나무를 올려다보며 환하게 웃었습니다. 그때 5월의 포근한 바람이 소나무와 두 아이의 머리 위로 살랑살랑 불었습니다.

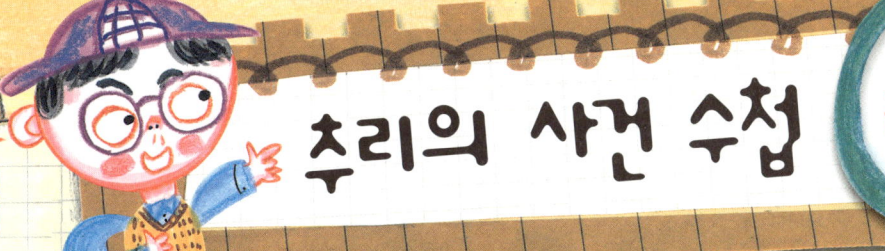

추리의 사건 수첩 #06

✏️ **사건명 : 꽃가루받이 작전**
✏️ **의뢰인 : 소나무**

소나무 꽃은 예쁘지 않고 향기가 없어서 곤충들이 다가오지 않아 꽃가루를 옮기지 못하는 상황이 발생! 보라색 색종이로 꽃잎을 만들어 붙이고, 향수를 뿌렸지만, 실패! 그런데 알고 보니 소나무는 곤충에 의해 꽃가루가 옮겨지는 충매화가 아니었다.

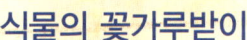
풍매화인 소나무의 꽃가루를 옮겨 줄 비법은 바람!

식물의 꽃가루받이

꽃의 구조
꽃은 기본적으로 암술, 수술, 꽃잎, 꽃받침으로 되어 있지만, 다 갖추지 않은 꽃도 있다. 수술은 꽃가루를 만들고, 암술은 수술의 꽃가루를 받아 열매를 맺는다. 꽃잎과 꽃받침은 암술과 수술을 보호하는 역할을 한다.

꽃가루받이
꽃식물은 속씨식물과 겉씨식물로 나뉘는데, 속씨식물은 밑씨가 씨방 속에 들어 있고, 겉씨식물은 밑씨가 겉으로 드러나 있다. 복숭아나무, 장미 등과 같은 속씨식물은 씨방 위로 암술이 뻗어 있고, 암술 주변에 여러 개의 수술이 둘러싸고 있다. 수술에서 만들어진 꽃가루가 암술머리로 옮겨지고, 그 꽃가루는 씨방까지 내려가 밑씨와 만나 수정이 이루어진다. 소나무, 은행나무 등과 같은 겉씨식물은 암꽃과 수꽃이 따로 피는데, 수꽃의 꽃가루가 암꽃의 밑씨를 만나 수정이 이루어진다.

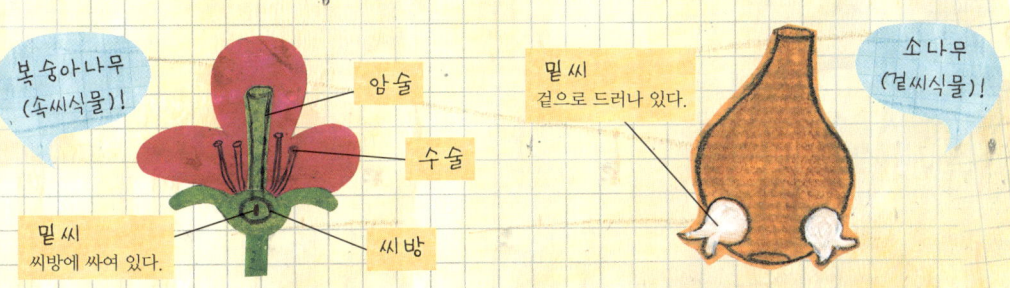

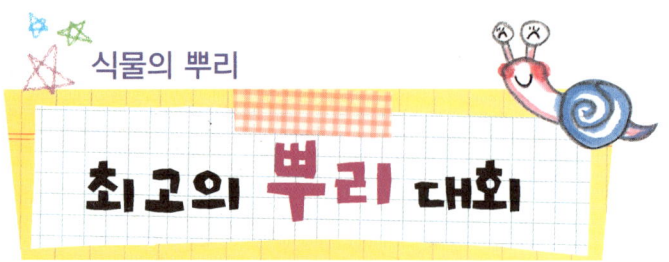

식물의 뿌리

최고의 뿌리 대회

점심시간, 추리는 급식으로 나온 카레에서 당근을 골라내기 바빴습니다.

"추리야, 뭐하는 거야? 너 당근이 얼마나 몸에 좋은지 알아? 당근 많이 먹으면 눈도 좋아진다고."

우리가 그 모습을 놓치지 않고 추리 입에 억지로 당근을 들이댔습니다.

"도우리! 중요한 건 당근이 아니라 이 카드!"

우리는 당근에 대해서 한마디 더 해주려다가 추리가 내민 카드를 보고 입을 꾹 다물었습니다. 카드는 사람이 쓰는 문자는 아니었지만, 우리는 읽을 수 있었습니다.

"추리 님과 우리 님, '최고의 뿌리 대회'의 심사위원이 되어 주세요. 이게 무슨 말이야?"

"오늘 아침에 집 앞에 떨어져 있었어. 채소들 중에서 가장 뛰어난 뿌리채소를 찾는 건가 봐. 그 대회의 심사위원이 되어 주었으면 좋겠다는 초대장이야."

"우아~ 우리 둘 다 생물 세계에서 유명한 사람이 됐나 봐. 대단한데?"

우리는 신기한 듯 카드를 몇 번이나 다시 읽어 보았습니다.

"그런데 명색이 심사위원인데 준비해야 되지 않겠니?"

"그럴 줄 알고 미리 준비했지."

우리의 말에 추리가 씩 웃으며 식물 관련 백과사전을 꺼내 들었습니다.

그날부터 추리와 우리는 수업을 마치면 과학실에서 뿌리에 대한 공부를 했습니다. 그리고 대회 하루 전날, 추리와 우리가 과학실에서 책을 보는데 어디선가 바람이 휙

불더니 누군가의 목소리가 들려왔습니다.

"안녕하십니까?"

추리와 우리는 동시에 뒤를 돌아보고 깜짝 놀랐습니다.

"……무?"

추리가 어이가 없다는 듯 말했습니다. 눈을 씻고 봐도 앞에 서 있는 것은 분명히 무였습니다.

"마추리 님, 도우리 님 맞으시죠? 전 '최고의 뿌리 대회'를 이끌고 있는 위원장입니다. 그 초대장, 제가 보냈습니다. 부탁드리고 싶은 것이 있어서 이렇게 먼저 찾아왔습니다."

추리와 우리는 무 위원장이 하는 말을 가만히 들었습니다.

"'최고의 뿌리 대회'는 채소 중에서도 뿌리채소를, 뿌리채소 중에서도 최고를 뽑는 대회입니다. 그런데 들리는 소문에 의하면 뿌리가 아닌데 뿌리인 척 대회에 참가하려는 채소가 있다고 합니다. 이것이 사실이라면 대회에 대한 신뢰도가 땅에 떨어질 것입니다. 더욱이 뿌리가 아닌 채소가 우승한다면! 생각만 해도 끔찍합니다. 부디 이 대회가 성공적으로 치러질 수 있도록 두 분이 뿌리가 아닌 채소를 조용히 골라 주셨으면 합니다."

무 위원장의 말에 추리와 우리는 어깨가 무거워졌습니다.

"그럼, 내일 뵙겠습니다."

무 위원장은 처음 나타났던 것처럼 바람과 함께 사라졌습니다. 추리와 우리는 서로를 멀뚱히 바라보다가 동시에 책을 더 열심히 훑어보았습니다.

다음 날 '최고의 뿌리 대회'는 동네 뒷산 아래에 있는 비닐하우스에서 열렸습니다. 안으로 들어서자 많은 채소들이 자리를 가득 메우고 있었습니다.

추리와 우리가 심사위원 자리에 앉았고 곧이어 대회가 시작되었습니다. 대회는 참가자가 나와서 자신의 장기를 보여 주는 예선과 이를 거쳐 선발된 채소들이 심사위원의 질문에 대답하는 본선으로 구성되어 있었습니다.

예선이 끝나고 최종적으로 당근, 고구마, 감자가 본선에 올랐습니다. 이제부터는 추리와 우리, 두 심사위원의 질문에 어떻게 대답하느냐에 따라 점수가 매겨집니다.

"우선 최종 선발된 것을 축하드립니다. 여기까지 오른 것만으로도 충분히 훌륭한 뿌리채소라고 할 수 있습니다. 그러나 우승자를 가리기 위해서는 저희가 하는 질문에 잘 대답해 주

셔야 합니다."

추리가 제법 심사위원다운 모습으로 점잖게 말했습니다.

"그럼, 먼저 당근에게 질문하겠습니다. 지금 보여 주는 두 그림을 보고 어떤 식물이 더 오래 살 수 있는지, 그렇게 생각한 이유는 무엇인지 말해 주시기 바랍니다."

추리가 당근에게 보여 준 것은 똑같은 식물이 땅에 심어져 있는 모습을 그린 두 장의 그림이었습니다. 한 가지 다른 점이 있다면 왼쪽의 식물은 뿌리를 그리지 않은 것이었습니다.

"저는 오른쪽 식물이 더 오래 살 거라고 생각합니다. 식물은 뿌리를 통해서 땅속에 있는 물과 양분을 흡수합니다. 뿌리가 없다면 당연히 살아가는 데 필요한 물이나 양분을 얻을 수 없겠죠."

당근의 침착한 대답에 추리와 우리는 고개를 끄덕이며 심사표에 점수를 써 넣었습니다.

다음으로 우리가 고구마에게 질문했습니다.

"다음은 지난여름 신문에 난 기사입니다. 잘 읽고 뿌리의 역할을 설명해 주세요."

고구마에게 건네진 기사에는 다음과 같이 적혀 있었습니다.

'대구광역시는 개잎갈나무로 가로수 길을 만들어 대구의 상징물로 자리 잡게 만들었다. 그러나 개잎갈나무는 뿌리를 얕게 내리는 종이라 매년 여름 태풍에 의한 피해를 피할 수 없었다. 대구에서는 대구의 상징물을 지키자는 시민과 다른 나무로 교체하자는 시민 사이의 논란이 10년째 계속되고 있다.'
고구마는 신문 기사를 읽고 잠시 생각하더니 대답했습니다.
"식물이 땅속 깊이 뿌리를 내리는 또 다른 이유는 식물의 몸을 지탱해 주는 지지 작용을 하기 때문입니다. 뿌리를 얕게 내리는 식물이 태풍과 같은 강한 바람에 쉽게 넘어지는 이유도 자기 자신을 잘 지탱하지 못하기 때문입니다."
관중석에서 박수와 환호가 터져 나왔습니다. 고구마는 뿌리의 역할에 대해서 정확하게 알고 있었던 것입니다.
마지막으로 우리가 감자에게 질문했습니다.
"이 대회에 참가한 채소들은 모두 뿌리채소라는 것을 알고 있죠? 그렇다면 최종적으로 이 자리에 올라온 뿌리채소들의 공통점을 이야기할 수 있습니까?"
감자는 예상했다는 듯 의미심장한 웃음을 띠며 말했습니다.
"뿌리를 먹는 채소들을 뿌리채소라고 합니다. 식물이 광합성을 해서 얻은 양분을 뿌리에 저장하기 때문에 뿌리채소는 굵고 큰 경우가 많습니다. 뿌리는 뿌리털, 생장점, 뿌리골무로 구성되어 있습니다. 뿌리 끝에 뿌리골무가 있고, 뿌리골무 바로 위에는 생장점이 있습니다. 생장점은 새로운 세포를 계속 만들어 내어 뿌리가 자라도록

하는 부분이고, 생장점을 뿌리골무가 보호하고 있죠. 마지막으로 가늘고 섬세한 뿌리털은 뿌리가 흙 속에 있는 물, 양분과 접하는 면적을 넓게 해주어 이들을 잘 흡수할 수 있게 하는 역할을 합니다. 따라서 뿌리채소인 저희들은 모두 뿌리털, 생장점, 뿌리골무를 가지고 있습니다."

감자는 자신의 대답에 만족한 듯 보였습니다.

세 채소 모두 질문에 잘 대답했기 때문에 과연 누가 최고의 뿌리채소가 될지 긴장감이 감돌았습니다. 추리와 우리는 머리를 맞대고 오랫동안 이야기를 나누었습니다.

감자는 뿌리가 아니에요!

이윽고 추리가 심사 결과를 들고 앞으로 나왔습니다.

"우선 이렇게 큰 대회에 저희를 심사위원으로 초대해 주신 것에 대해 감사의 말씀을 드립니다. 저희는 이 대회를 통해 식물의 뿌리에 대해 많은 것을 공부했고 또한 알게 되었습니다. 그럼, 여러분들이 너무나 기다리시는 최고의 뿌리를 발표하겠습니다!"

추리의 말에 비닐하우스 안은 쥐 죽은 듯 조용해졌습니다. 참가자들은 모두 긴장한 표정이었고, 관중석에서도 침 넘어가는 소리만이 들릴 뿐이었습니다.

"최고의 뿌리는…… 당근과 고구마입니다!"

"우아~!"

추리의 발표에 관중석에서 우레와 같은 박수가 쏟아졌습니다. 당근과 고구마는 서로를 얼싸안고 기쁨을 나누었습니다.

"왜 나만 빼고 나머지 둘이 최고의 뿌리라는 거야? 난 왜 안 되는데?"

감자가 이해할 수 없다는 듯 강하게 항의했습니다. 그때 추리가 침착한 목소리로 설명했습니다.

"감자는 최고의 뿌리가 될 수 없습니다. 왜냐하면 감자는 양분을 저장한 줄기이기 때문입니다."

추리의 말에 모든 채소들이 할 말을 잃었습니다. 감자도 당황한 눈치였습니다.

"감자는 뿌리라면 가지고 있어야 할 것을 가지고 있지 않네요. 바로 뿌리털입니다. 감자는 뿌리털이 없고, 그 대신 땅에 심었을 때 싹이 날 수 있는 감자 눈을 가지고 있죠."

추리의 말에 감자는 눈물을 글썽였습니다. 감자는 다들 자신

을 뿌리로 오해하고 있어서 홧김에 대회에 참가한 것이라고 솔직하게 말했습니다.

감자의 말에 다른 참가자들이 다가와서 감자를 격려해 주었습니다. 누가 뿌리인지 줄기인지 따지는 것은 더 이상 중요하지 않았습니다.

그렇게 '최고의 뿌리 대회'는 무사히 끝마쳤습니다.

"아직도 당근이 싫어?"

비닐하우스를 나서면서 우리가 장난스럽게 물었습니다.

"영양분이 풍부한 당근이 왜 싫어? 뿌리 최고!"

추리는 괜히 너스레를 떨었습니다. 추리는 뿌리를 공부하고 나니 뿌리채소가 더없이 소중하게 느껴졌습니다.

추리의 사건 수첩 #07

✏️ **사건명 :** 가짜 뿌리 찾기
✏️ **의뢰인 :** 무 위원장

'최고의 뿌리 대회'에 가짜 뿌리채소가 참가했다는 정보가 들어왔다! 치열한 경쟁을 뚫고 당근, 고구마, 감자가 본선에 올랐다. 뿌리는 뿌리털, 생장점, 뿌리골무로 구성되어 있는데, 감자는 뿌리털이 보이지 않았다.
<u>결국 감자는 뿌리가 아닌 줄기로 밝혀졌다!</u>

에헴~ 에헴~

식물의 뿌리가 하는 일

흡수 작용
뿌리털을 통해 흙 속의 물과 양분을 흡수한다.

물과 양분을 쏙쏙!

지지 작용
식물의 몸이 쓰러지거나 넘어지지 않도록 지탱해 준다.

호흡 작용
흙 사이의 산소를 흡수하여 호흡한다.

저장 작용
잎에서 만들어진 양분이 뿌리로 이동해 저장된다. 이렇게 양분이 저장되어 우리가 먹을 수 있는 뿌리채소에는 고구마, 당근, 우엉, 인삼, 무, 도라지 등이 있다.

양분이 가득가득!

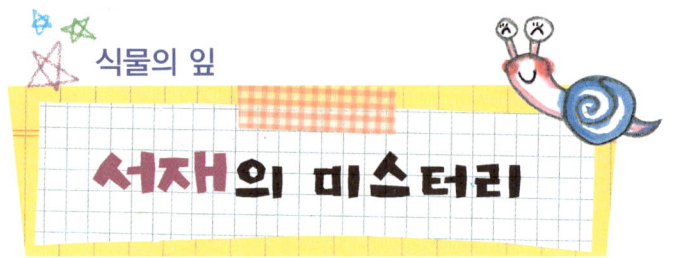

식물의 잎

서재의 미스터리

수업이 끝난 오후, 추리와 우리는 오늘도 과학실에 마주 앉아 생물과 관련된 책을 열심히 읽었습니다. 동물과 식물의 목소리를 듣게 된 뒤로 생물에 관심이 많아졌기 때문이었습니다.

그때 과학실 문이 열리면서 홈지가 들어왔습니다. 도마뱀 셜록 사건 이후로 추리와 홈지는 부쩍 친해져 우리와도 함께 어울렸습니다.

"추리야, 이거 과학실 문 앞에 떨어져 있는데, 추리 네 이름이 쓰여 있어."

홈지가 내민 것은 나뭇잎이었습니다. 나뭇잎에는 '마추리에게'라고 쓰여 있었습니다. 다른 사람 같았으면 그냥 지나치거나 빗자루로 쓸어 버렸을 평범한 나뭇잎이 홈지의 날카로운 눈에 띈 것입니다. 추리와 우리는 홈지가 건넨 나뭇잎을 심각한 표정으로 들여다보더니 서로를 쳐다보며 나지막하게 속삭였습니다.

"사건 의뢰 편지야. 고양이가 보낸 것 같은데?"

"내일 과학실로 찾아온대."

두 사람의 말에 홈지는 추리의 손에서 나뭇잎을 빼앗아 이리저리 살펴보았지만 어디를 봐도 홈지의 눈에는 '마추리에게'라는 글씨만 보였습니다. 당황한 홈지는 두 아이에게 소리쳤

습니다.

"너희들 나 놀리려고 그러는 거지? 뭐가 보인다는 거야?"

"저번에 네 도마뱀 셜록하고도 대화했다고 말했잖아. 내 말을 못 믿는 것 같은데, 정말 궁금하면 내일 3시에 과학실에서 보자."

다음 날 추리와 우리, 홈지는 과학실에 다시 모였습니다. 오후 3시가 되자 밖에서 누군가 문을 긁는 소리가 들렸습니다. 우리가 과학실 문을 열자 문 앞에는 새끼 고양이 한 마리가 얌전하게 앉아 있었습니다.

"네가 편지를 쓴 고양이구나. 어서 들어와."

새끼 고양이가 과학실로 들어서자 추리 역시 반갑게 인사를 했습니다. 하지만 우리와 추리가 새끼 고양이를 사람처럼 대하는 모습이 홈지에게는 한없이 이상하게 보일 뿐이었습니다.

추리와 우리는 편지에 쓰여 있는 대로 최근에 고양이 가족에게 생긴 일에 대해서 질문했고, 새끼 고양이는 자신이 찾아온 이유를 자세하게 설명했습니다.

"아빠는 이 동네 고양이 중에서 가장 성공하신 분이에요. 그러면서도 다른 고양이들을 많이 도와줘서 존경도 받고 있죠.

그런데 지난주 아빠 생신 이후부터 자고 일어나면 머리가 아프고, 어지럽다고 하셨어요. 저는 아빠가 일을 너무 많이 해서 그런 줄 알았어요. 하지만 건강에 이상이 없는데도 계속 아프시니까 걱정돼요. 제발 아빠가 왜 아픈지 밝혀 주세요."
새끼 고양이의 눈에 눈물이 그렁그렁 고였습니다.
"우선 너희 집으로 가 보자."
추리의 말에 새끼 고양이는 고개를 끄덕이며 앞장섰습니다.
추리는 고양이의 말이 들리지 않아 어리둥절하게 바라보는 홈지에게 상황을 설명해 주었습니다. 그리고 함께 새끼 고양이를 따라나섰습니다.
새끼 고양이는 학교 구석에 위치한 오래된 창고로 향했습니다. 창고 뒤쪽으로 돌아가니 건물과 담 사이의 틈에 건물의 지하로 통하는 작고 좁은 계단과 문이 보였습니다. 새끼 고양이는 문 옆의 창문 틈 사이로 쏙 들어갔습니다. 잠시 망설이던 추리가 결심한 듯 시커먼 문을 힘껏 밀었습니다. 문을 열자 새끼 고양이가 사는 집이 나타났습니다. 집 안은 낮인데도 불구하고 어두컴컴했습니다. 그나마 한쪽 벽의 조그마한 창으로 빛 한줄기가 집 안을 간신히 비추고 있었습니다.

"집에 화분이 굉장히 많구나."

홈지가 새끼 고양이의 집을 둘러보더니 말했습니다. 새끼 고양이는 홈지가 자신의 말을 듣지 못한다는 것을 알았으므로 추리와 우리를 보며 대답했습니다.

"식물은 산소를 내뿜기 때문에 머리도 맑아지고 집 안 분위기도 좋아진다고 아빠께서 말씀하셨어요."

"식물은 물과 이산화탄소를 이용해 잎에 있는 엽록체라는 곳에서 스스로 양분을 만들어. 이때 꼭 햇빛이 필요하지. 이러한 과정을 광합성이라고 하는데, 광합성을 하면 흡수한 이산화탄소는 산소로 바뀌어서 다시 식물 밖으로 나오게 돼. 그래서 아빠께서 화분을 많이 키우는 걸 거야."

추리가 새끼 고양이에게 설명하는 동안 우리와 홈지는 거실에 놓인 화분의 식물들을 유심히 살펴보았습니다.

추리는 새끼 고양이를 돌아보며 물었습니다.

"아빠가 잠을 주무시는 곳은 어디니?"

"아빠는 주로 서재에서 잠을 주무세요. 평소에 일이 많아서 밤늦게까지 서재에서 일하시다가 그대로 잠드시는 경우가 많거든요."

새끼 고양이가 서재 문을 열자 꽃향기가 확 뿜어 나왔습니다. 서재는 사방이 막혀 있는 방이었습니다. 작은 창문조차 없어서 불을 켜기 전에는 안이 잘 보이지 않았습니다.

새끼 고양이가 불을 켜자 방 전체의 모습이 눈에 들어왔습니다. 오른쪽 구석에는 책상이 하나 놓여 있었고 가운데에는 탁자와 긴 소파가 있었습니다. 아마도 아빠 고양이는 소파에서 잠을 주무시는 것 같았습니다. 책상과 소파 주위에는 다양한 식물이 심어 있는 화분들이 빽빽하게 놓여 있었습니다.

"이번 아빠 생신에 선물로 화분이 많이 들어왔어요. 그동안 아빠에게 도움을 받았던 고양이들이 고맙다고 하면서 아빠를 위해 갖가지 식물을 모았죠."

서재까지 둘러본 추리와 우리 그리고 홈지는 다시 거실로 나와 머리를 맞댔습니다. 추리와 우리에게 설명을 들은 홈지가 먼저 말을 꺼냈습니다.

"그러니까 아빠 고양이는 식물을 키우는 취미를 가지고 있고, 서재에서 잠드는 날이 많으며, 지난 생일 이후부터 몸이 안 좋아졌다, 이렇게 정리할 수 있겠네."

홈지가 상황을 명쾌하게 정리했습니다. 추리와 우리는 역시 천재 탐정답다며 입을 모아 칭찬했습니다.

"그것보다 너희들, 여기 거실에 있는 식물들의 줄기 끝이 모두 한쪽으로 굽어 있는 거 봤니?"

"앗, 바로 그거야! 빛!"

홈지의 말에 우리가 갑자기 소리를 질렀습니다. 홈지는 바로 맞혔다는 표정으로 고개를 끄덕였습니다. 추리는 무슨 말인지 몰라 어리둥절한 표정을 지었습니다.

"추리야, 줄기 끝이 모두 어느 쪽 방향으로 향해 있는지 봐."

홈지가 추리에게 실마리를 주었습니다. 추리는 홈지 말대로 거실에 있는 식물들을 살펴보았습니다. 식물들은 모두 유일하게 빛이 들어오는 창문 쪽으로 굽어 있었습니다.

"창문을 향해 굽어 있잖아. 아하! 문제를 풀었어!"

추리도 이제 알겠다는 얼굴로 손가락을 튕겼습니다.

"식물은 살아가기 위해서 광합성을 해야 하고, 광합성을 하는 데는 빛이 필요하니까. 당연히 적은 빛이라도 받으려고 식물들의 줄기 끝이 모두 창문 방향으로 굽은 것이지."

추리는 잠시 생각을 정리하고 새끼 고양이를 불렀습니다.

"아빠가 왜 아픈 건지 알았어! 범인은 서재 속 식물이었어!"

"식물은 산소를 내뿜으니까 좋은 거 아니었나요?"

추리의 말에 새끼 고양이는 고개를 갸웃거렸습니다.

"식물의 잎에서 일어나는 광합성은 매우 중요한 과정이야. 공기 중의 이산화탄소 농도도 줄여 주니까. 하지만 식물도 살아 있는 생명체야. 생명체라면 당연히 무엇을 해야 할까? 사람도 동물도 살기 위해서 끊임없이 하고 있는 것."

"호흡이오."

새끼 고양이가 얼른 대답했습니다.

"맞아. 식물도 생명체니까 호흡을 하는 거야. 공기 중의 산소를 흡수하고 이산화

식물들은 빛이 없으면 광합성을 멈추고 호흡을 해!

탄소를 내보내는 호흡을 해."
옆에서 우리도 추리의 말을 거들어 주었습니다.
"그러니까 서재에 있는 그 식물들이 바로 범인이었어! 햇빛이 들지 않는 서재에서 식물들은 광합성을 멈추고 호흡을 하고 있었던 거야. 산소가 적은 곳에서 잠을 자니까 머리가 아팠던 거지. 이제 서재의 미스터리가 풀렸어!"
추리의 설명에 새끼 고양이는 깜짝 놀랐습니다.
"식물을 키우는 아빠의 취미가 과했던 거군요. 우리 집에서 키우는 식물들에게 그런 생명의 비밀이 있을 줄이야."
새끼 고양이는 사건을 해결한 추리와 우리에게 고맙다는 인

사를 하고, 홈지를 향해서는 고개를 까딱였습니다. 비록 목소리는 들을 수 없었지만, 홈지는 그것이 새끼 고양이의 감사 인사라는 것을 눈치채고 홈지도 고개를 끄덕여 답했습니다.

　새끼 고양이의 집에서 나온 세 사람은 이상한 동화 속 나라를 다녀온 기분이었습니다. 특히 홈지는 믿을 수 없다는 듯 볼을 꼬집었습니다. 볼이 따끔한 것이 꿈은 아니었습니다.

"추리야, 우리야, 너희들 정말로 동식물과 이야기할 수 있었구나. 부럽다!"

그제야 홈지는 추리와 우리를 믿을 수 있었습니다.

"아니, 오히려 우리가 더 기뻐. 우리를 믿어 주는 사람이 생겼으니까."

추리가 어른스럽게 말하자 우리도 맞장구를 쳤습니다.

세 사람은 숨을 크게 들이마시며 함께 웃었습니다.

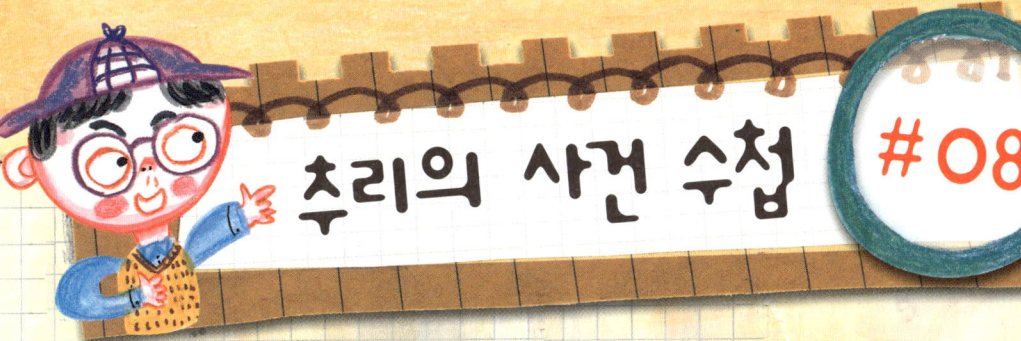

추리의 사건 수첩 #08

🖊 **사건명 : 서재 속 질식 사건**
🖊 **의뢰인 : 새끼 고양이**

서재에서 자고 일어나면 머리가 아프다는 아빠 고양이! 빛이 들어오지 않는 어두컴컴한 서재에는 화분이 가득했다. 아빠 고양이는 식물이 많으면 광합성 때문에 산소가 많을 것이라고 생각했지만, 잘못된 것이었다. 식물은 햇빛이 없으면 산소를 마시고 이산화탄소를 내보내는 호흡만 하기 때문.

아빠 고양이는 이산화탄소 때문에 질식할 뻔한 것!

식물의 잎이 하는 일

광합성 작용
식물이 햇빛과 이산화탄소, 물을 이용해 녹말과 산소를 만드는 과정을 말한다. 식물의 잎에 있는 엽록체에서 광합성이 일어나는데, 엽록체 안에 엽록소라는 색소가 들어 있기 때문이다. 이 엽록소가 녹색을 띠기 때문에 잎이 녹색으로 보인다.

호흡 작용
식물의 잎 뒷면에는 공기가 드나드는 구멍, 즉 기공이 있다. 기공을 통해 식물도 동물처럼 산소를 흡수하고 이산화탄소를 내보내는 호흡을 한다. 기공은 식물 몸 곳곳에 있지만, 잎의 뒷면에 가장 많다.

증산 작용
식물에 흡수되고 남은 물은 잎의 기공을 통해 공기 중으로 빠져나간다. 이러한 증산 작용은 뿌리로 흡수된 물을 잎까지 끌어올리는 역할을 한다. 또한 물이 증발되면서 식물의 열을 빼앗아 가므로 더운 여름날 식물의 체온을 낮춰 주기도 한다.

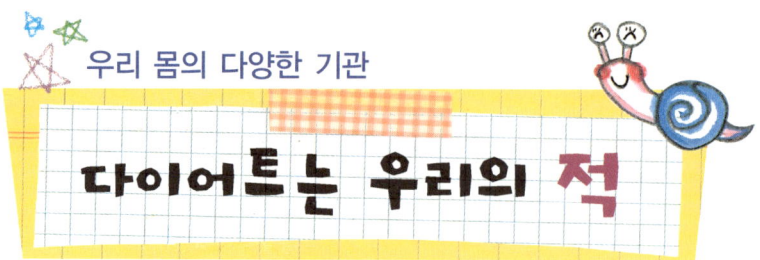

우리 몸의 다양한 기관

다이어트는 우리의 적

추리는 자전거를 끌고 집을 나섰습니다. 오랜만에 자전거를 타는 거라 마음이 설레었습니다. 노래를 흥얼거리며 우리와 만나기로 한 공원으로 향했습니다.

"추리야, 어서 와."

공원에 먼저 나와 있던 우리가 손을 흔들었습니다.

"웬일이야? 제시간에 나와 있고! 오늘은 도레미도 왔네?"

우리의 발아래에서 예쁜 강아지 한 마리가 꼬리를 흔들고 있었습니다.

"추리야, 안녕? 오랜만이야. 우리가 늦장 부리기에 내가 얼른 나가자고 했지."

강아지 레미가 추리를 알아보고 인사했습니다.

"어쩐지! 지각쟁이 우리가 레미 덕분에 일찍 나온 거구나."

추리와 레미가 같이 웃자, 우리는 불만스러운 표정으로 입을 뾰족하게 내밀었습니다.

곧 추리와 우리는 자전거에 올라탔습니다. 선선하게 부는 바람을 맞으며 힘차게 자전거 페달을 밟았습니다. 그 뒤를 따라 레미도 힘차게 달렸습니다.

"추리야, 좀 천천히 가자."

한참을 달리던 우리가 힘든 목소리로 추리를 불렀습니다.

"우리 너 왜 약한 척이야. 평소에는 날 앞질러서 달렸잖아."

추리가 속도를 늦추며 멈춰 선 우리에게 다가왔습니다.

"오늘은 좀 힘드네. 어지럽기도 하고."

땀으로 흥건히 젖은 우리의 얼굴이 정말로 힘들어 보였습니다.

"우리 너 얼굴이 하얘! 벤치에서 잠깐 쉬자."

추리는 깜짝 놀라 우리를 벤치에 앉혔습니다.

"분명 배고파서 그런 걸 거야. 내가 간식 가져왔어. 짜잔!"

추리가 자전거 바구니에 들어 있던 간식 주머니를 꺼냈습니다. 주머니에는 샌드위치와 물이 들어 있었습니다.

"우아, 맛있겠다~! 우리야, 먹어 봐."

추리는 호들갑을 떨면서 샌드위치 하나를 우리에게 내밀었습니다. 우리는 고개를 끄덕이며 샌드위치를 받아 들었습니다. 하지만 우리는 샌드위치를 입에 대지도 않고 레미에게 먹여 주었습니다.

"야, 레미 것도 따로 있어. 너 먼저 먹어."

"아냐, 난 괜찮아. 물이나 마실래."

우리는 물병을 집어 들고 물을 벌컥벌컥 마셨습니다. 평소 같으면 샌드위치를 순식간에 먹어 치웠을 텐데 물만 마시는 우리를 추리는 걱정스럽게 바라보았습니다.

간식도 먹고 노닥노닥하다 보니 어느덧 해가 저물었습니다.

"해가 지니까 날씨가 쌀쌀해졌다. 우리야, 이제 집으로 돌아갈까?"

추리의 말에 우리는 고개를 끄덕이며 자전거에 올라탔습니다.

"우리야, 내일도 자전거 탈래?"

간식도 먹고 자전거를 타서 기분이 좋아진 추리는 우리를 불렀습니다. 하지만 뒤에서는 아무런 소리도 나지 않았습니다.

"우리야?"

추리는 얼른 뒤를 돌아보았습니다. 바로 뒤쫓아 오는 줄 알았던 우리는 어디에도 보이지 않았습니다. 그때 저만치서 레미가 헐레벌떡 뛰어오는 것이 보였습니다.

"큰일 났어. 우리가 쓰러졌어!"

"뭐라고? 거기가 어디야?"

추리는 깜짝 놀라 서둘러 레미를 따라나섰습니다. 레미를 따라 자전거를 타고 한참을 달리니 길옆에 쓰러진 우리가 보였습니다. 추리는 우리에게 달려가 일으켜 세웠지만, 우리는 깨어나지 않았습니다.

"요즘 우리가 다이어트를 한다고 물만 마셨어."

다이어트는 우리의 적

레미는 어두운 표정으로 말했습니다.

"뭐라고? 우리가 다이어트? 지나가던 개가 웃겠다. 일단 물을 좀 먹여야겠다."

추리는 우리의 입에 물을 조금 흘려주었습니다. 잠시 후 우리는 가늘게 눈을 떴습니다.

"이 바보야. 왜 안 하던 다이어트를 하고 그래?"

추리는 화를 내며 우리를 다그쳤습니다.

"어떻게 알았어?"

우리는 깜짝 놀라 눈을 껌뻑였습니다.

"레미가 다 알려 줬어."

"딱 2kg만 빼고 그만하려고 했어."

우리는 고개를 푹 숙이며 중얼거렸습니다.

"음식을 먹어야 소화기관이 음식을 소화하면서 몸에 필요한 영양소를 얻을 수 있다는 거 몰라? 음식을 안 먹으니까 신체 활동에 무리가 오지."

추리가 어이없다는 표정을 짓자 옆에서 레미가 거들었습니다.

"추리 말이 맞아. 우리 너 다이어트를 하면서 똥도 안 나왔지?"

"야, 레미! 너 못하는 소리가 없어!"

우리는 레미의 입을 막으면서 소리를 빽 질렀습니다.

"우리 너 변비였구나."

추리가 실실 웃으며 놀리자 우리의 얼굴이 새빨갛게 달아올랐습니다.

"그럴 수밖에 없지. 먹은 음식이 없으니까."

레미가 입을 막고 있는 우리의 손을 앞발로 치면서 말했습니다.

"왜 음식을 안 먹으면 똥이 안 나오는데?"

우리가 억울한 표정으로 레미에게 따졌습니다. 그러자 레미가 헛기침을 한 번 하더니 설명을 시작했습니다.

"이제부터 간단하게 너희 인간들의 소화기관을 설명해 줄게. 음식물을 먹으면 가장 먼저 입속에서 잘게 부서지고 침과 섞여 탄수화물이 소화돼."

"아하, 그래서 꼭꼭 씹어서 먹으라고 엄마가 항상 말씀하시

는구나."

추리의 말에 레미가 고개를 끄덕였습니다.

"입속의 음식물은 식도를 타고 위로 내려가서 위액에 의해 단백질이 소화되지. 그리고 십이지장을 지나면서 쓸개즙에 의해 지방이, 이자액에 의해 탄수화물, 지방, 단백질이 분해돼. 그렇게 분해된 영양소가 작은창자에서 흡수되는 거야. 그다음 큰창자에서 주로 물이 흡수되고, 남은 찌꺼기가 바로……."

"똥이란 거지! 그러니까 우리는 먹은 게 없으니 똥이 안 나오는 건 당연하지."

레미의 설명에 이어 추리가 우리를 바라보며 장난스럽게 말했습니다. 우리의 얼굴이 붉으락푸르락해졌습니다.

"그런데 레미 너는 개면서 인간의 소화기관에 대해서 어떻게 알고 있는 거야?"

우리는 무안해서 괜히 레미에게 투덜거렸습니다.

"저번에 우리 네가 시험 공부를 하다가 과학책 펴 놓고 잤잖아. 그때 재미있어서 읽어 봤지. 역시 인간은 재밌더라."

"레미 대단하다! 도우리보다 더 똑똑한데?"

"인체에 대해 궁금한 게 있으면 얼마든지 물어봐."
추리가 칭찬하자 레미가 우쭐한 표정을 지었습니다.
"우리야, 오늘 우리 집에서 같이 밥 먹자! 오늘 저녁은 불고기거든."
추리의 말에 우리는 대답 없이 침만 꼴깍 삼켰습니다.
"왜 다이어트를 하는지는 모르겠지만 그만하면 안 될까?"
추리가 걱정스럽게 물었지만, 우리는 여전히 대답하지 않았습니다.
"저번에 추리가 홈지는 날씬해서 예쁘다고 말해서……, 읍!"
우리는 당황한 듯 얼른 레미를 품속에 안아서 더 이상을 말하지 못하게 했습니다. 레미의 말을 듣지 못한 추리는 어리둥절한 표정을 지었습니다.
"가자! 불고기 먹으러! 다이어트 그만할게!"
우리는 레미를 품에 안은 채 자전거를 타고 추리네 집으로 향했습니다. 방금 전까지만 해도 비실비실하던 모습은 온데간데없이 쌩쌩해 보였습니다.
"야야, 같이 가!"
추리도 우리를 따라 서둘러 자전거 페달을 밟았습니다.

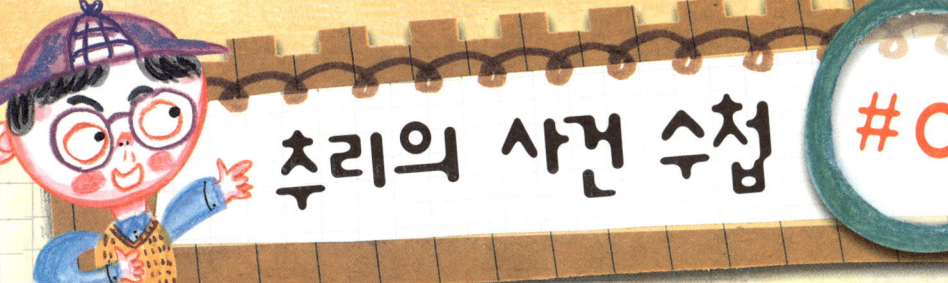

추리의 사건 수첩 #09

✏️ **사건명** : 도우리 **건강 적신호** 사건
✏️ **의뢰인** : 레미

우리가 쓰러지고 변비에 걸렸다! 우리와 함께 생활하는 레미의 증언에 따르면 며칠 동안 살을 빼기 위해 음식을 먹지 않았다고 한다. 음식을 먹으면 입 → 식도 → 위 → 십이지장 → 작은창자 → 큰창자의 순서로 소화되면서 우리 몸에 영양분이 흡수, 나머지 찌꺼기는 항문을 통해 똥으로 나오게 된다.
하지만 도우리는 먹은 음식이 없어 영양부족에다 변비에 걸린 것!

경고!

우리 몸의 다양한 기관

호흡기관 : 산소를 받아들이고 몸에서 생긴 이산화탄소를 내보내는 일을 한다. 호흡기관에는 입, 코, 기관, 기관지, 허파가 있다.

감각기관 : 외부의 자극을 느끼고 받아들인다. 감각기관에는 눈, 귀, 코, 혀, 피부가 있다.

신경계 : 감각기관에서 받아들인 자극을 빠르게 전달해 그에 대해 반응하도록 한다. 신경계에는 뇌와 척수, 신경 섬유 등이 있다.

배설기관 : 몸속의 노폐물을 땀과 오줌으로 걸러 몸 밖으로 내보낸다. 배설기관에는 땀을 만드는 땀샘과 오줌을 만드는 콩팥이 있다.

순환기관 : 혈관을 통해 혈액을 순환시키고, 영양소와 산소, 노폐물을 운반한다. 순환기관에는 심장과 혈관이 있다.

소화기관 : 섭취된 음식을 잘게 분해해 몸속에 흡수하게 한다. 소화기관에는 입, 식도, 위, 십이지장, 작은창자, 큰창자, 항문이 있고, 소화를 도와주는 기관에는 간, 쓸개, 이자, 침샘이 있다.

뼈와 근육 : 뼈는 우리 몸을 지탱하고, 몸속의 중요한 기관을 보호해 준다. 근육은 뼈에 붙어 몸을 움직일 수 있도록 한다.

머리를 보호해 주는 착한 머리뼈!

생물의 진화

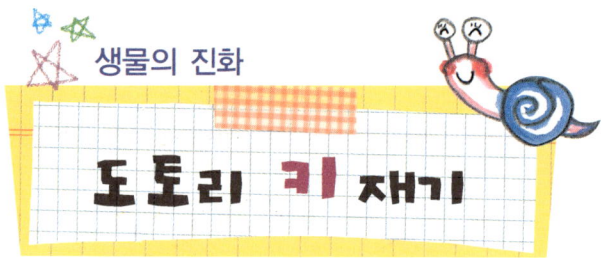

도토리 키 재기

　일요일에 추리와 우리, 그리고 별남은 자연사 박물관 앞에서 만났습니다. 추리는 자신의 손에 있는 입장권 세 장을 팔랑팔랑 흔들었습니다. 자연사 박물관의 입장권은 홈지가 전국 과학 발명품 대회에서 우승해서 받은 상품인데, 여러 장 받았다며 추리에게도 나누어 준 것입니다.
　"그럼 들어가 볼까?"
　추리는 힘찬 발걸음으로 자연사 박물관 안으로 발을 디뎠습니다.
　"우아~ 굉장하다."
　입구에 들어서자마자 추리와 우리는 소리를 질렀습니다. 1층

입구에는 거대한 공룡 표본이 전시되어 있었습니다. 입을 크게 벌리고 있는 아크로칸토사우루스가 당장이라도 살아 움직일 것만 같았습니다.

"이렇게 큰 공룡들이 살았었다니. 저 날카로운 이빨 좀 봐. 인간과 공룡은 절대 함께 살지 못했을 거야."

우리가 가슴을 쓸어내리며 말했습니다.

"맞아, 지금 태어나서 다행이다."

추리도 맞장구를 쳤습니다.

입구에 있는 중앙홀을 지나자 3층 전시관으로 연결되었습니다. 자연사 박물관은 3층부터 내려오면서 구경하는 구조였

습니다.

　지구와 우주에 관해 전시된 3층 전시관을 둘러보고 2층으로 내려왔습니다. 2층 전시관에서는 생물의 진화를 한눈에 볼 수 있었습니다.

"저기 좀 봐. 생물의 진화 과정이 전시되어 있어."

우리가 가리키는 곳으로 추리가 먼저 뛰어갔습니다.

"예전에는 박테리아밖에 없었구나. 그런데 어떻게 지금과 같이 많은 생물이 생길 수 있었을까?"

추리는 이해가 가지 않는다는 듯 고개를 갸웃거렸습니다.

"지구가 처음 생겼을 때는 바다밖에 없었다고 해. 그래서 생물도 물속에서만 살았지. 그 뒤 지구에 육지가 생겨났고, 물속에서만 살던 생물들이 물 밖에서도 살아남기 위해 점차 적

응했다고 봐야겠지."

별남은 추리와 우리를 위해 쉽게 설명해 주었습니다.

"생물은 살아남기 위해 자기가 속한 환경에 적응하려고 노력하지. 만약 우리가 물속에서만 살았다면 우리 몸에 아가미가 생겼을 거야."

별남의 말에 추리와 우리는 깜짝 놀랐습니다.

"손에는 물갈퀴가 생겼겠지?"

"등에는 지느러미가 생기고?"

물고기 모습을 흉내 내며 서로의 모습을 보고 소리 죽여 웃었습니다.

바퀴벌레처럼 생긴 삼엽충 등 고생대의 생물들을 구경하고 나니 중생대로 이어졌습니다.

물속에서만 살았다면 우리 몸은 물속 환경에 맞게 진화했을 거야.

"공룡이다!"

추리와 우리는 동시에 외쳤습니다. 그곳에는 여러 가지 공룡의 화석이 전시되어 있었습니다.

"쉿, 조용조용. 박물관에서 떠들면 안 되지."

공룡을 유심히 살피던 별남이 조용히 다그쳤습니다. 항상 장난기가 많고 엉뚱하던 별남은 자연사 박물관에서는 사뭇 진지해 보였습니다. 관심이 있는 것에는 엄청난 집중력을 발휘하는 별남을 보며 추리와 우리는 얼른 입을 다물었습니다.

공룡이 지배했던 중생대를 지나 신생대로 넘어가니 사람의 모습을 한 유인원과 눈에 익은 동물들이 많이 보였습니다.

"추리야, 여기 너 닮은 사람 있다."

우리가 원숭이처럼 생긴 오스트랄로피테쿠스 모형을 가리키며 추리를 놀렸습니다.

"어허, 집중 좀 하자, 집중!"

추리가 뭐라고 대꾸하려던 참에 이번에는 포유류를 관찰하던 별남이 냉큼 소리쳤습니다.

"너 같은 애랑은 말 섞기도 싫어."

"흥, 나도 마찬가지야."

별남은 계속 들리는 목소리에 더 이상 참지 못하고 버럭 화를 냈습니다.

"추리! 우리! 계속 떠들 거야?"

하지만 별남이 돌아봤을 때 추리와 우리는 무슨 소리를 하는지 모르겠다는 듯 어깨를 으쓱하고 있었습니다.

"방금 싸운 거 너희 아니었어?"

추리와 우리는 고개를 가로저었습니다.

"내 날개가 최고야!"

"무슨 소리! 내 앞다리가 최고지!"

싸우는 소리는 저만치 특별 전시관에서 들리는 것 같았습니다. 추리와 우리, 별남은 서둘러 그쪽으로 가 보았습니다.

그곳에는 파충류와 조류가 전시되어 있었습니다. 싸우는 것은 도마뱀과 꾀꼬리였습니다.

"왜 싸우는 거니?"

추리가 다가가 도마뱀과 꾀꼬리에게 물었습니다.

"꾀꼬리는 저처럼 멋진 앞다리가 없으면서 깃털만 잔뜩 달린 자기 날개가 최고라고 하잖아요."

도마뱀이 단단한 비늘로 덮여 있는 자신의 앞다리를 쑥 내밀면서 어이없다는 듯 말했습니다.

"날개도 없으면서 큰소리치기는! 징그럽게 생긴 도마뱀의 앞다리보다는 당연히 내 날개가 더 예쁘지!"

꾀꼬리는 말도 안 된다는 듯 콧방귀를 뀌면서 자신의 날개를 퍼덕였습니다.

"내 앞다리가 최고야!"

"내 날개가 최고야!"

도마뱀과 꾀꼬리는 서로 얼굴을 마주 보며 으르렁거렸습니다. 분위기가 점점 험악해지자 추리와 우리는 둘을 말리느라 진땀을 흘렸습니다.

"도마뱀, 꾀꼬리 둘 다 조용히 해! 박물관에서 떠들면 안 돼!"

참다못한 별남이 도끼눈을 뜨며 소리치자 도마뱀과 꾀꼬리가 입을 꾹 다물었습니다.

"도토리 키 재기 하고 있네. 도마뱀의 앞다리하고 꾀꼬리의 날개는 근원이 같으니까 둘 다 똑같아. 그러니까 그만해!"

별남의 말에 도마뱀과 꾀꼬리가 깜짝 놀랐습니다.

"별남 형 말이 맞아. 도마뱀의 앞다리, 새의 날개는 근원이

같아. 하지만 서로 다른 환경에서 살면서 그 환경에 적응해서 진화한 결과 서로 기능이 달라졌을 뿐이야. 그런 것을 '상동기관'이라고 해."

추리가 화를 내는 별남 대신 자세하게 설명해 주었습니다.

"그뿐만 아니라 우리 같은 사람의 팔, 고래의 지느러미, 박쥐의 날개도 도마뱀의 앞다리, 꾀꼬리의 날개와 근원이 같아."

우리가 자신의 팔을 구부렸다 펴면서 말을 덧붙였습니다.

"근원이 같다면 꾀꼬리의 날개를 욕하는 건 내 앞다리를 욕하는 거잖아?"

도마뱀이 괜스레 헛기침을 했습니다. 새침데기 같았던 꾀꼬리도 얼굴을 붉히며 수줍게 고개를 끄덕였습니다.

"고마워요. 우리 둘은 근원이 같은 기관을 가지고 괜히 싸우고 있었군요."

도마뱀과 꾀꼬리는 추리와 우리, 별남에게 감사 인사를 했습니다.

자연사 박물관에서 진화도 배우고, 사건도 해결한 추리는 마음이 뿌듯했습니다.

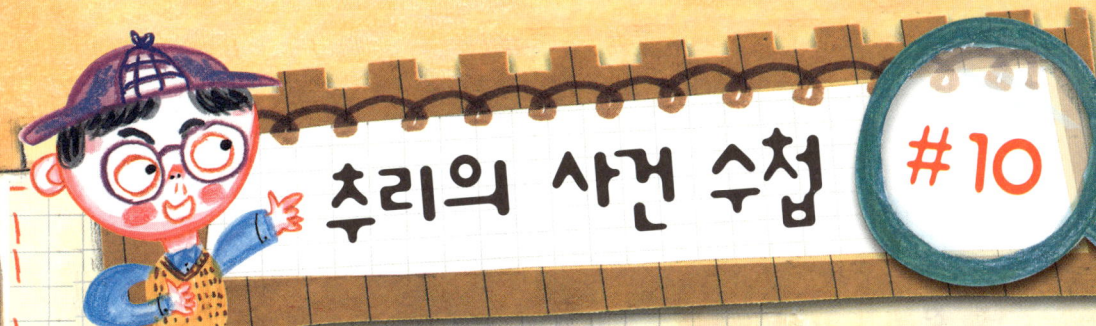

추리의 사건 수첩 #10

✏ 사건명 : **최고**의 **기관** 가리기
✏ 의뢰인 : 도마뱀과 꾀꼬리

도마뱀은 자신의 앞다리가, 꾀꼬리는 자신의 날개가 최고라며 싸웠다. 도마뱀의 앞다리와 꾀꼬리의 날개는 근원이 같고, 서로 다른 환경에서 살면서 그 환경에 적응해서 진화한 결과 서로 기능이 달라진 상동기관이다.

그러므로 도마뱀의 앞다리와 꾀꼬리의 날개는 우열을 가리기 힘들다!

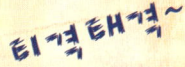

생물의 진화

진화
진화란 생물이 오랜 기간 동안 환경에 적응하여 몸의 구조나 생김새가 점점 변화되는 현상을 말한다.

진화의 과정
진화는 변이, 자연선택, 적응의 과정을 거쳐 진행된다. 가장 먼저 선조의 특성이 후손에게 전해지는 과정에서 변화가 생겨 약간 다른 특성이 전해진다. 그렇게 후손에게 전해진 특성 중 자연에서 살아남기에 유리한 특성을 가진 종이 더 많이 살아남게 되고, 그 유리한 특성이 후손에게 더 잘 전달된다. 오랜 세월이 지나면 그러한 변화가 계속되면서 지금의 후손은 선조와 구분될 정도로 뚜렷하게 달라진 모습을 보이게 되는 것이다.

진화의 다양한 근거
1. 지층의 아래에서 위로 올라올수록 복잡한 구조를 가진 생물의 화석이 발견되었다. 이러한 화석을 통해 생물은 점점 발달된 복잡한 생물로 변화한다는 사실을 알 수 있다.

2. 근원은 같지만 기능이 달라진 상동기관과 모양이나 기능은 같지만 근원이 다른 상사기관을 통해 생물의 진화를 알 수 있다.

3. 척추동물은 알이나 뱃속에서 아가미, 꼬리뼈를 가지고 있다가 태어날 때는 서로 다른 모습이라는 것으로 보아 척추동물은 같은 조상에서 진화했다는 사실을 알 수 있다.

진화가 궁금하면 화석에게 물어봐!

생태계와 환경오염

지렁이를 구하라

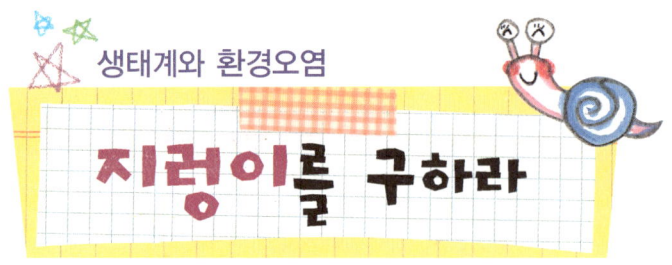

아침부터 하늘에 먹구름이 가득하더니 곧 주룩주룩 비가 내렸습니다. 추리는 투덜거리며 우산을 펴 들었습니다.

"으악! 지렁이다! 징그러~."

우산을 쓰고 학교로 향하던 추리는 길바닥에 나와 있는 지렁이를 보고 소리를 질렀습니다.

"지렁이 구박하지 마. 지렁이가 얼마나 소중한 존재인데 그런 말을 하니?"

그새 추리에게 다가온 우리가 말했습니다.

"어, 우리야 안녕? 그래도 징그럽게 생겼잖아."

추리는 소름이 돋는지 몸을 부르르 떨었습니다.

"지렁이한테 고마워해야 할걸? 지렁이는 흙을 깨끗하게 만들어 주고 영양분도 듬뿍 주는 아주 고마운 동물이야. 지렁이가 나오는 이 땅은 오염되지 않았다는 증거이기도 하고."

우리의 말에 추리는 지렁이를 대단하다는 눈으로 바라보았습니다.

"근데 지렁이는 왜 비가 오면 밖으로 나올까? 비를 좋아하나?"

추리는 갑자기 생각났다는 듯 우리에게 물었습니다.

"어유~ 너 탐정 맞아? 지렁이는 피부로 호흡을 하잖아. 비가 오면 빗물이 땅속으로 흘러 들어가서 지렁이 피부에 직접 닿게 돼. 지렁이는 원래 약간 축축한 곳에서 살아야 하긴 하지만 물이 너무 많으면 숨을 쉴 수가 없어서 밖으로 나오는 거야."

"역시 우리는 똑똑하다니까. 하긴 그래서 내가 조수로 써 주는 거지만, 킥킥."

"야, 누가 네 조수야! 그 왕자병은 언제쯤 고칠래?"

추리가 놀리며 앞서 가자 우리가 주먹을 쥐고 쫓아갔습니다.

"난 왕자병이 아니라 왕자 탐정이거든?"

우리의 주먹을 피하며 추리는 끝까지 장난을 쳤습니다.

며칠 뒤, 햇볕이 쨍쨍한 오후에 수업을 마친 추리와 우리, 그리고 같은 모둠인 홈지, 동구와 함께 학교 뒷산에 놀러 갔습니다. 학교 뒷산은 학교에서 가깝기도 하고, 조금만 올라가면 공원이 꾸며져 있어서 아이들이 자주 찾는 곳이었습니다.
"음, 공기 좋다. 오늘은 숨바꼭질 어때?"
추리가 말하자 동구가 유치하다면서 장난스럽게 야유를 보냈습니다.
"야야, 유치한 게 더 재밌거든?"
추리가 입을 삐죽거리는데, 우리가 나섰습니다.
"난 찬성! 오랜만이잖아."
"나도 찬성!"
함께 있던 홈지도 웃으며 손을 들었습니다.
우리와 홈지가 나서자 동구도 군말 없이 어깨를 으쓱하고는 숨바꼭질에 어울렸습니다.
"가위바위보!"
아이들은 동시에 손을 내밀었습니다. 추리만 바위를 내고 나

머지는 모두 보를 냈습니다.

"만날 나만 걸려."

추리가 투덜거리며 눈을 가리고 일부터 이십까지 되도록 빨리 셌습니다.

"찾는다!"

추리가 뒤돌아봤을 때는 다들 숨었는지 아무도 보이지 않았습니다.

"앗!"

그때 어디선가 우리의 목소리가 들렸습니다. 추리는 재빨리 소리가 난 쪽으로 달려갔습니다. 나무 뒤에 우리가 쪼그려 앉아 있었습니다.

"도우리 걸렸다! 이제 네가 술래 해."

추리는 신이 나서 말했습니다.

"여기 지렁이가 있단 말이야."

우리가 잔뜩 울상을 지었습니다.

"지렁이는 소중한 동물이라고 말한 사람이 누구더라. 지렁이 보고 왜 놀래?"

"그냥 지렁이가 아니라 죽어 가는 지렁이라 문제지."

"어디 보자, 정말이네!"

우리의 말에 추리는 깜짝 놀랐습니다. 그런데 우리가 발견한 지렁이 말고도 여기저기 죽어 가는 지렁이들이 보였습니다.

"더 이상 살 수가 없어. 여기서 살 수가 없어."

한 지렁이가 꿈틀거리며 앓는 소리를 냈습니다.

"지렁이야, 무슨 일이야?"

추리가 얼른 다가가 물었습니다.

"지렁이야, 무슨 일이 생긴 거니?"

"어느 날부터 숨을 쉬기 힘들어. 피부도 따끔거리고……."
"왜 그런지 이유는 모르고?"

지렁이가 뭔가 생각났다는 듯 다 죽어 가는 목소리로 간신히 말을 꺼냈습니다.

"며칠 전에 사람들이 땅을 막 팠어. 그 이후로 몸이 아프고 숨 쉬기도 어려운 것 같아. 친구들도 하나둘 죽어 가고."
"거기가 어디야?"
"저 나무 근처야."

우리가 묻자 지렁이는 한 나무를 가리켰습니다. 그리고 지렁이는 기운이 없는지 더 이상을 말을 잇지 못했습니다.

그때 숨어 있던 홈지와 동구가 나와서 추리와 우리에게 다가왔습니다.

"숨바꼭질 안 할 거야?"
"지금 숨바꼭질보다 더 중요한 일이 있어. 지렁이가 사는 곳에 문제가 생겼어. 우리가 구해야 돼."

추리가 홈지와 동구에게 죽어 가는 지렁이들을 보여 주었습니다.

"깨끗한 곳에서만 사는 지렁이들이 죽어 가는 것은 이곳이

오염됐다는 거야. 갑자기 이런 것은 분명 땅속에 오염 물질이 있다는 말일 거야."

추리가 의미심장하게 말했습니다.

"그렇다면 저 나무 같은데?"

홈지가 나무 하나를 가리켰습니다. 그 나무는 지렁이가 가리킨 나무였습니다.

"다른 나무들에 비해 유독 저 나무만 많이 시들어 있어. 나무 아래에 분명 쓰레기가 파묻어 있을 거야."

홈지의 예리한 추리에 모두 놀라워했습니다.

"함께 흙을 파 보자!"

아이들은 서로 힘을 합해 시들어 있는 나무 주변을 파기 시작했습니다. 한참을 파다 보니 땅속에서 무언가가 나오기 시작했습니다. 땅속에는 과자 봉지에 음료수 병, 비닐봉지 등 다양한 쓰레기들이 나뒹굴고 있었습니다.

"이것 때문이었어. 사람들이 파묻어 놓은 쓰레기 때문에 흙이 오염되어 지렁이가 살 수 없었던 거야."

추리는 슬픈 목소리도 말했습니다.

"만약 쓰레기가 내 피부에 닿았다면? 어휴, 생각만 해도 너무 끔찍해. 나도 살 수 없었을 거야."

우리가 몸서리를 치며 죽어 가는 지렁이들을 불쌍한 눈으로 바라보았습니다.

"우리가 쓰레기를 치우자!"

추리가 부추기자 숨바꼭질을 하자고 했을 때보다 더 밝은 표정으로 우리와 홈지, 동구가 고개를 끄덕였습니다.

추리와 친구들은 쓰레기를 말끔하게 치우고 나서 다시 땅을 메웠습니다. 힘은 들었지만, 다들 표정만큼은 뿌듯해 보였습니다.

"그러나 저러나 추리와 우리 대단하다. 지렁이만 보고 여기에 쓰레기가 묻혀 있다는 것을 어떻게 안 거니?"

동구가 추리와 우리를 칭찬했습니다.

"나 못지않은데? 앞으로 문제가 생기면 추리와 우리에게 부탁해야겠다."

홈지도 웃으며 한몫 거들었습니다.

"그렇지 않아도 내가 명함을 만들었거든."

추리는 주머니에서 색종이에 자신의 이름과 연락처를 쓴 명함 몇 장을 꺼내 들었습니다. 오래전부터 가지고 다녔는지 종이가 꼬깃꼬깃했습니다.

"그런데 '생물 탐정'은 뭐야?"

명함을 보던 동구가 물었습니다.

"식물, 동물과 관련된 사건은 훨씬 더 잘할 수 있다는 이야기야."

추리가 머리를 긁적이며 말하자, 동식물과 대화할 수 있다는 것을 알고 있는 우리와 홈지가 웃음을 터뜨렸습니다.

"나도 한 장 줄래?"

홈지가 손을 내밀었습니다. 추리가 얼른 명함 한 장을 홈지에게도 주었습니다.

"우리 라이벌이 되겠는데? 생물 탐정 마추리 씨."

"그래, 서로 잘해 보자."

추리와 홈지는 손을 마주 잡으며 빙긋 웃었습니다.

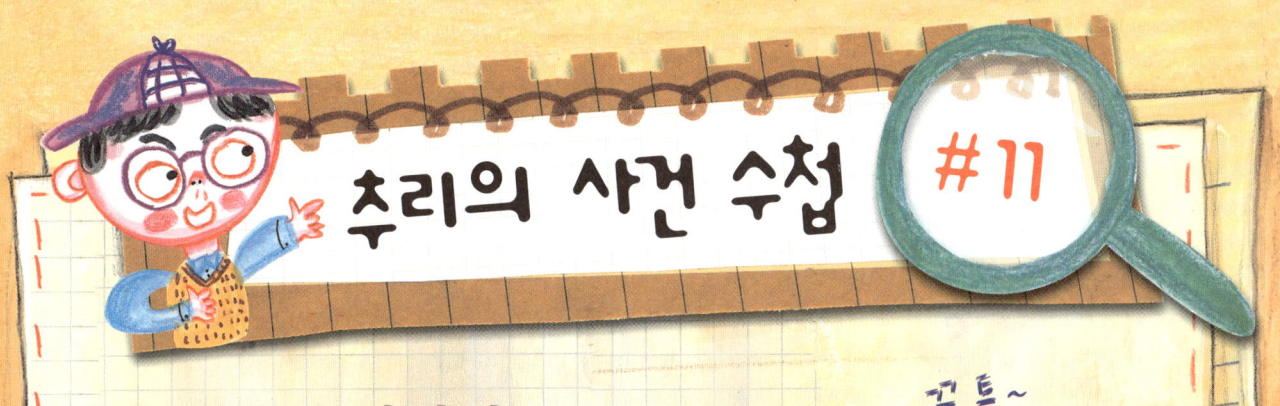

추리의 사건 수첩 #11

🖍 **사건명 : 지렁이 구출 작전**
🖍 **의뢰인 : 지렁이**

깨끗한 땅에서만 살기로 유명한 지렁이가 떼 지어 죽어 가는 것을 목격했다! 지렁이의 증언에 따르면 며칠 전 사람들이 땅을 판 뒤로 땅속에서 살 수 없다고 했다. 바로 땅을 파 보니 쓰레기가 가득 나왔다.

지렁이들이 죽어 가던 원인은 바로 토양오염!

생태계와 환경오염

생태계
동물, 식물과 같은 생물적 요소와 흙, 물, 공기, 햇빛 등의 비생물적 요소가 서로 끊임없이 영향을 주고받으며 살아가는 것을 말한다.

환경오염
사람들의 활동으로 자연환경과 사람의 생활환경이 더럽혀지는 것을 말한다. 오늘날 공장, 자동차의 매연으로 대기가 오염되어 지구온난화를 일으키고 있다. 또한 합성세제와 공장에서 버리는 폐수 등으로 물이 오염되고 있으며, 비료와 농약, 쓰레기로 토양까지 오염되고 있다.

환경오염의 해결 방법
1. 나무를 많이 심고, 대중교통을 이용해 자동차 배기가스를 줄인다.
2. 분리수거를 통해 자원을 재활용한다.
3. 가정 하수, 산업 폐수를 함부로 버리지 않는다.
4. 물과 전기를 아껴 쓴다.

환경보호를 위해 분리수거는 필수!